SER PARA TER

Ser para ter

1ª edição: Junho 2023

Autor:
Aline Dalcin

Preparação de texto:
Larissa Robbi Ribeiro

Revisão:
Debora Capela

Projeto gráfico:
Jéssica Wendy

Capa:
Dimitry Uziel

DADOS INTERNACIONAIS DE CATALOGAÇÃO NA PUBLICAÇÃO (CIP)

Dalcin, Aline
Ser para ter : 12 passos para uma vida plena / Aline Dalcin. —
Porto Alegre : Citadel, 2023.
192 p.

ISBN 978-65-5047-235-1

1. Autoajuda 2. Felicidade 3. Autorrealização 4. Sucesso I. Título

23-3280 CDD 158.5

Angélica Ilacqua - Bibliotecária - CRB-8/7057

Produção editorial e distribuição:

CITADEL Grupo Editorial

contato@citadel.com.br
www.citadel.com.br

ALINE DALCIN

SER —PARA— TER

12 PASSOS PARA UMA VIDA PLENA

CITADEL Grupo Editorial

PERFIL

2023

– ELOGIOS –

Durante meu trabalho como mentora de grandes líderes percebo um denominador comum entre a maioria das pessoas: fazer para ter e então serem felizes. A Aline, com sua sabedoria, consegue levar você por um caminho de realização pessoal, percorrendo sua jornada de Vida da maneira correta. Ela nos lembra da ordem certa dos fatores: primeiro Ser, para depois Fazer e em consequência Ter. Seguindo essa ordem é que seremos felizes. Aline é uma pessoa iluminada, que traz luz ao caminho de todos que estão ao seu redor. Pode confiar, pois ela vai iluminar o seu também.

(Pilar Aznar, Mentora e Coach internacional,
Top Consultant no InnerCircle do Bob Proctor.)

Neste livro você verá que o novo normal é fazer o simples, com amor, gratidão, generosidade e paixão pelo que se propor a fazer; isso tira a sensação de trabalho, não cansa, vira hobby, dá prazer e produz FÉlicidade!

(Geraldo Rufino, fundador da JR Diesel,
escritor e palestrante)

Aline Dalcin exala a ESSÊNCIA FEMININA de uma forma tão natural que contagia todos ao seu redor.

(Cristiane e Túlio Maravilha, futebolista e palestrante motivacional.)

Minha amiga Aline é uma das pessoas que mais surpreendeu nos últimos anos. E por que ela me surpreendeu? Eu já fotografei mais de 60 mil pessoas, conheci a história de milhares. Muitos pensam, muitos até aparentam, mas poucos de fato são. A Aline é, e ela pode te ajudar.

(Everton Rosa, retratista, fotógrafo e coach)

A obra *Ser para ter* deve ser a sequência natural para o nosso crescimento. Inverter essa ordem compromete os objetivos da jornada, perturbando aquele que caminha.

(Roosevelt Tiago, palestrante e escritor)

– SUMÁRIO –

Nós escolhemos muitas coisas nesta vida.
Queremos ter muitas coisas, pedimos tanto.
Porém, precisamos entender que para "ter" primeiro
é necessário "ser", e isso só é possível quando nos
fundimos com a energia daquilo que desejamos.

Se você quer ter paz, seja a paz.
Se você quer ter abundância, seja a abundância.
Se você quer ter amor, seja o amor.
Se você quer ter paciência, seja a paciência.
Se você quer viver de forma mais leve, seja a leveza.

Não importa o que você estiver escolhendo para si neste
momento. Se você quer ter algo, primeiro seja esse
algo para então ter o que almeja, e nunca o contrário.

– PREFÁCIO –

A palavra "transformar" vem de "trabalho", que quer dizer ferramenta que transforma o bruto em tesouro. Que, por sua vez, vem da palavra "tríbulo", que foi o primeiro equipamento construído pelo homem, forjado em metal, para rasgar a terra e lançar a semente em seu ventre. Depois de um tempo, vem o fruto da terra, que é a abundância em forma de alimentos. É por isso que depois de uma tribulação sempre vem a bonança.

A palavra "mudança" quer dizer movimento de superfície. Tirar alguma coisa do lugar e levar para outro lugar, criar movimento. Ou seja, um mover temporário. É algo importante, mas não gera a transformação de longo prazo.

A palavra "talento" quer dizer tesouro transformado. Tem a mesma raiz de "trabalho". O talento em tempos bíblicos era um tipo de moeda, o dinheiro mais valioso da época. Por isso chamamos de "a parábola dos talentos", registrada magistralmente por Mateus em seu Evangelho. A menos valiosa era o denário, que deu origem à palavra "dinheiro". Era mais fácil de circular, de se movimentar. Eram necessários milhares de denários para alcançar o valor de um talento. Com o tempo, a palavra "talento" ganhou outros significados. Deixou de significar dinheiro e passou a ter a conotação de aptidão natural, inteligência acima da média. Atualmente, podemos definir que talento é uma inclinação natural para fazer algo bem-feito. Mas não adianta ter um dom (ganhar algo de Deus), ter uma vocação (inclinação para alguma habilidade), ter sorte (a fortuna espontânea sorri para a pessoa) e não transformar tudo isso em resultados.

Quantas pessoas nós conhecemos com dom, vocação e sorte que têm dificuldades de gerir a própria vida? Sabe por quê? Porque a transformação precisa de ferramentas, e você está sendo apresentado a 12 ferramentas transformacionais neste livro memorável de Aline Dalcin, escritora que tem a inquietude poética como mola propulsora de sua obra, sabe suportar as ferroadas das abelhas da vida, sabe entender que os espinhos são parte da beleza da flor, que o cheiro da natureza, os doces e os amargos fazem o tempero da vida. Tudo isso ela transformou no martelo e no cinzel da autotransformação, porque trabalhar sobre si mesmo é sempre o mais difícil e o mais prazeroso dos trabalhos. Transformar-se dá trabalho, mas produz riqueza interna. Tenho certeza de que você experimentará a autotransformação, esse despertar da consciência ao conhecer esse mapa de sua mina interior.

Este livro merece um prefácio curto para que você comece logo a desfrutar de suas belas páginas, que o tornarão um mentor de si mesmo.

Jamil Albuquerque

Conselheiro mundial da Fundação Napoleon Hill e
presidente do MasterMind para a América do Sul

– APRESENTAÇÃO –

Se perguntassem agora como você tem contado a história da sua vida, o que você diria?

Você seria capaz de se colocar como protagonista da sua biografia? Diria que é o autor do seu próprio roteiro? Ou você tem deixado outros fazerem escolhas por você?

Sempre concordei com aquela máxima que diz: "A vida é feita de escolhas conscientes ou inconscientes".

Certamente você já deve ter ouvido essa frase, assim como tantas outras com o mesmo sentido. No entanto, correndo o risco de parecer clichê, como dizem os pensadores, o óbvio precisa ser dito até que se compreenda a realidade, principalmente para pessoas de mentes fechadas.

Há cerca de dez anos eu fiz uma única escolha que mudaria para sempre o curso de toda a minha história.

Eu sou uma mulher do campo, a Mimosa do meu pai e a Chiquinha do meu avô Djalma. Desde a infância, eu percebia que a vida ia muito além do que os meus olhos podiam ver. Eu era uma menina quieta; as minhas tias me chamavam carinhosamente de mudinha. Sou filha de Enio Luiz Possamai e Marley Terezinha Carpes Possamai; meu pai servia no Exército, e minha mãe era uma camponesa linda. Eles se apaixonaram, se casaram, e meu pai deixou a vida militar para ir morar com a minha mãe no interior de São Donato, município de Maçambará (RS), onde eles vivem até hoje.

Nasci em 1982, no hospital da cidade de São Borja (RS), quatro meses após a chegada da energia elétrica em nossa residência. Morávamos em uma casa amarela de madeira; era muito simples, mas tinha um valor inestimável para a minha família. Meu avô, Levino Possamai, um caminhoneiro apaixonado por madeira, presenteou meus pais com uma carga de tábuas para que pudessem construir a nossa casa, que tinha paredes duplas para nos proteger do frio e do calor intensos.

Apesar de não termos muito, nunca nos faltou amor e união. Sou a mais velha dos quatro filhos: eu e meus irmãos trigêmeos, Gustavo, Ricardo e Enio. Apesar de termos cinco anos de diferença, adorávamos brincar juntos. Eu me sentia uma líder natural, comandando as brincadeiras e dando aulas improvisadas em um quadro feito à mão, onde eu também ensinava os filhos dos colaboradores do meu pai.

Contudo, nossa casa de madeira tinha um problema: abrigava muitas abelhas. Mesmo assim, aprendemos a respeitá-las e a conviver com elas pacificamente. Claro que de vez em quando eu era ferroada quando, distraída, pisava em alguma, mas a presença delas não nos impedia de brincar livremente, de tomar banho de açude e de brincar na areia entre os eucaliptos que meu pai havia plantado, cujo cheiro mentolado eu nunca vou esquecer.

Esses primeiros anos da minha vida foram fundamentais para moldar a pessoa que sou hoje. Aprendi desde cedo que o amor e a união são as bases mais fortes para construir uma vida feliz.

Lembro-me de quando ficávamos sem energia elétrica por causa de vendavais. Era nessas horas que minha mãe acendia o fogão à lenha para nos reunirmos ao redor dele. Ela nos contava histórias que ela mesma tinha inventado, ou então relembrava lendas que seus avós lhe haviam contado.

Meus irmãos e eu percorríamos cinquenta quilômetros por dia para frequentar as aulas. Era recompensador quando chegávamos da escola, ao meio-dia, e sentíamos o cheiro de comida caseira da minha mãe, feita no fogão à lenha. Após o almoço, visitávamos meus avós maternos, que viviam a cerca de um quilômetro de distância. Íamos caminhando pelo campo; ainda me lembro do barulho dos pássaros quero-queros que, ao perceberem nossa presença, faziam rasante sobre nós, demonstrando que ali deveríamos respeitar o limite.

Na casa dos meus avós maternos, desfrutávamos do prazer de beber leite recém-tirado da vaca, acompanhado do pão de erva-doce feito pela minha avó Ione Terezinha. Ela era uma mulher batalhadora, que nunca reclamava das dificuldades do dia a dia. Foi com ela que aprendi a ser humilde. Na minha adolescência, ela me ensinou muitas coisas, incluindo que, quando uma mulher coloca um vestido, ela se torna extremamente feminina. Sempre penso nela quando visto um, e é uma lembrança carinhosa que tenho; nessas horas, sinto meu lado feminino nutrido, honrando e homenageando todas as minhas ancestrais.

Lembro-me também da minha avó paterna Iracema, que morava longe; ela foi de grande importância para o meu crescimento. Ainda ouço a sua voz em meu subconsciente, elogiando-me. Lembro que ela lia Joseph Murphy; agora vejo que era uma mulher à frente do seu tempo, com uma mente visionária e que com certeza me influenciou positivamente através da epigenética. Mãe zelosa, dedicou toda sua vida a cuidar dos filhos, principalmente de Ernani, que tinha síndrome de Down.

No meu quarto, havia um quadro de gesso que mostrava uma ponte em três dimensões. Eu passava o dedo embaixo da ponte e me perguntava: "Onde será que leva até aqui? O que será que tem lá?". Assim, eu olhava para a vida desde pequena e me perguntava sobre os segredos do Universo, os segredos da existência humana que se encontram nos seguintes questionamentos: o que é a vida? Quem somos nós? O que viemos fazer aqui? Para onde vamos? A vida seria apenas o que conseguimos ver com os nossos cinco sentidos: visão, audição, paladar, olfato e tato? Eu sabia que havia outros sentidos além desses, eu sabia em meu íntimo que eu era uma buscadora.

Meu pai me acompanhou soluçando até o altar, já que eu era a menina dos olhos dele e tinha apenas quinze anos e dez meses quando disse "Sim" ao meu primeiro amor, Ezequiel Dalcin, na época com 22. Sempre fui bastante decidida quanto ao que eu queria e muito precoce também. Tudo estava perfeito, era tudo o que eu tinha sonhado, porém, infelizmente, antes de completarmos um ano de casados, meu marido perdeu o pai, Edhito. Foi um choque para todos. Poucos meses depois, minha sogra, Adir Necy, sofreu um AVC e ficou em estado vegetativo por vários anos.

Apesar de ter apenas dezesseis anos, quando precisei assumir a responsabilidade da casa e dos negócios da família, eu me dediquei incansavelmente a garantir que tudo estivesse em ordem. Lidar com a perda do meu sogro e a condição de saúde da minha sogra não foi fácil, mas nós nos mantivemos unidos, apoiando um ao outro.

Eu aprendi muito nessa fase da minha vida, principalmente a importância da resiliência, do trabalho duro, da paciência e da dedicação. Mesmo diante das dificuldades, eu enxergava cada desafio como uma oportunidade de crescimento e de fazer o melhor que eu podia com o que eu tinha. Essa mentalidade me ajudou muito na construção do meu caráter e na busca dos meus objetivos.

No auge dos meus vinte anos, eu recebi a melhor notícia da minha vida: eu estava grávida da minha primogênita, Isabelle. Ver aquele serzinho tão pequeno e indefeso me encheu de amor e alegria e me fez perceber que a vida era muito mais do que eu imaginava. No entanto, logo em seguida, veio a notícia mais triste que eu poderia receber: o diagnóstico de Parkinson do meu pai – que na época tinha apenas 46 anos.

Meu pai, um homem forte e trabalhador, assim como seus antepassados italianos desbravadores, começou sua vida praticamente do zero. Com muito esforço e trabalho árduo, tornou-se um agricultor respeitado e nunca nos deixou faltar nada. Vê-lo acometido por uma doença tão cruel foi um baque para toda a família. Mas, como sempre, nós nos unimos e enfrentamos a situação juntos. Fizemos tudo o que estava ao nosso alcance para ajudá-lo e dar-lhe o suporte necessário para que pudesse lidar com a doença. Meu pai sempre nos ensinou a importância da resiliência e agora ele nos mostra isso na prática, que desistir não é uma opção.

Tive minha segunda filha, Nicolle, com 28 anos de idade. Eu me senti a mulher mais feliz do mundo, afinal era mais um sonho que eu tinha conquistado: casar-me, construir a minha família e ter as minhas duas filhas.

Aos trinta anos de idade, eu cuidava do lar e da nossa empresa, tinha uma vida financeira estável e decidi sair da zona de conforto e voltar aos estudos para terminar o ensino médio e cursar a faculdade. Mesmo tendo que me deslocar para a cidade para estudar, não deixei de lado a sede de conhecimento que eu tinha desde minha infância.

Nessa época, recebi um convite do Grupo Scalcko para participar de um *workshop* de constelação familiar. Eu nem sabia o que era isso, porém senti em meu íntimo que deveria ir para ver do que se tratava. Fui e nunca mais parei de frequentar. Fiz todos os cursos, treinamentos e *workshops* possíveis, tanto *on-line* quanto presenciais, com os melhores profissionais de referência. Investi mais de uma década da minha vida nesse tema, além de dinheiro, tempo e energia. Eu me preparei, li centenas de livros, fui dedicada e ousada. Durante a pandemia, decidi que estudaria mecânica quântica duas horas por dia.

Com isso, pude explorar mais a fundo esse assunto, conhecendo diferentes abordagens terapêuticas, como programação neurolinguística (PNL), terapia cognitivo-comportamental, neurociência, filosofia e muitas outras áreas. Pude compreender melhor a complexidade da mente humana e as diferentes formas de lidar com nossas emoções e vivências.

Ao mesmo tempo, eu também continuava a explorar o mundo de maneira prática, viajando, conhecendo novas culturas, experimentando novos sabores e vivendo novas experiências. Tudo isso contribuiu para ampliar minha visão de mundo e minha compreensão sobre a vida.

Apesar de todas as dificuldades que enfrentei ao longo do caminho, eu sempre me mantive motivada pela minha curiosidade e pela vontade de aprender mais. Acredito que a busca pelo conhecimento é um processo contínuo e que sempre haverá algo novo para descobrir e explorar até os últimos dias da nossa vida.

Durante o período em que atendi diversas pessoas em minha clínica, tive a oportunidade de aprender a importância da expansão da consciência. Percebi que muitas pessoas estavam presas em suas realidades atuais, sem conseguir avançar em direção aos seus objetivos e sonhos. E, várias vezes, isso se devia a uma falta de clareza e compreensão sobre si mesmas e sobre o mundo ao redor.

Foi a partir desse *insight* que comecei a me dedicar ainda mais aos estudos e às práticas que me ajudavam a expandir a minha própria consciência, como meditação, *mindfulness* e outras técnicas terapêuticas. E, ao compartilhar essas práticas com meus pacientes, pude ajudá-los a se conectarem com uma visão mais ampla e profunda de si mesmos e do mundo, possibilitando uma maior compreensão das suas experiências e ações.

Aprendi que até podemos alcançar nossos objetivos sem consciência elevada e expansão da consciência, mas com um vazio, um vácuo, uma sensação de falta na alma. Sem a expansão da consciência, tendemos a ficar presos em padrões limitantes e a reproduzir as experiências e os resultados de sempre. Por outro lado, quando expandimos nossa consciência, abrimos espaço para novas possibilidades e para uma vida mais plena, prazerosa e satisfatória. Somente assim conseguimos sair do estado atual e chegar ao estado desejado.

Apesar das dificuldades que enfrentei ao longo da vida, tenho certeza de que elas foram fundamentais para moldar a pessoa que sou hoje. Mesmo quando pensei em desistir, enfrentei cada desafio e aprendi valiosas lições em cada experiência, fossem elas alegres ou dolorosas. Essas lições me fortaleceram e me tornaram mais corajosa e determinada. É por isto que decidi compartilhar minha história com o mundo: para inspirar outras pessoas a viverem com amor, coragem e determinação e serem as protagonistas de suas próprias histórias.

De agora em diante, vamos juntos, pois tenho certeza de que muito em breve você cruzará a linha de chegada do autoconhecimento, como jamais imaginou que seria possível, e será capaz de tornar cada dia da sua vida uma experiência espetacular.

Conhecer a si mesmo
é o começo de toda sabedoria.

ARISTÓTELES

– INTRODUÇÃO –

Esta obra não é apenas mais um livro sobre desenvolvimento pessoal, autoajuda ou autoconhecimento. Não é uma fórmula, pois não existem fórmulas mágicas. Trata-se de um compilado de dicas, ideias, experiências próprias, estratégias e visões. Você terá que ser proativo e perseverante e se comprometer completamente com a sua transformação para atingir a sua verdadeira essência. Lembre-se de que o pensamento é uma energia, e energia segue foco. No entanto, se chegou até aqui, esse é um sinal de que você está pronto para mudar. Como diz o provérbio: "Quando o discípulo está pronto, o mestre aparece". Nesse caso, o discípulo somos nós, e o mestre pode ser um livro, uma massagem terapêutica, um curso, um treinamento, uma palestra ou um *insight* que o levará para um próximo nível da sua vida.

É uma jornada que convida você a experimentar uma vida plena e autêntica a partir dos ensinamentos que compartilho com base em minha própria experiência de vida. Ao longo de uma década de estudos, cursos, treinamentos e terapia, aprendi que a verdadeira transformação só acontece quando vivenciamos situações desafiadoras e somos capazes de ressignificá-las, transformando a dor em força e o sofrimento em aprendizado. Aprendi também que a ignorância não é não saber nada do mundo, mas sim saber pouco de si.

Com base nessa experiência, apresento neste livro 12 passos para criar rotas em sua vida, reconstruir-se, desconstruir velhos padrões e se tornar um criador consciente de sua realidade. Esses passos visam a trabalhar não apenas a mente, mas também os sete corpos que compõem nossa existência, limpando crenças limitantes, preconceitos, sombras, tabus e bloqueios que impedem nossa evolução.

Mudar um hábito ou uma crença não é algo que possa ser feito da noite para o dia. É um processo que envolve um conjunto de ações. Tudo é uma construção, como eu reforço neste livro.

Ao compreendermos que somos um campo eletromagnético inserido em um Universo regido por leis quânticas, somos capazes de elevar nossa frequência vibracional, aumentando o amor e diminuindo o medo. É assim que podemos transcender a visão romântica da vida e abraçar a realidade como ela é, sem ilusões.

Meu propósito é levar a importância do autoconhecimento e da expansão da consciência para que cada um possa manifestar sua própria realidade. Com a aplicação consciente dos 12 passos, você poderá harmonizar sua vida em três pilares fundamentais: saúde, relacionamentos e situação financeira.

Espero que este livro possa ser um convite para que você experimente uma vida plena, autêntica e alinhada aos seus desejos mais profundos. Que você seja capaz de escolher pensamentos, atitudes e emoções que o elevem e o conduzam a uma existência mais feliz e realizada.

– A IMPORTÂNCIA DO AUTOCONHECIMENTO –

Como sempre busquei entender de que modo viver em plenitude e principalmente ser o que eu quisesse ser nesta existência, ao descobrir o caminho do autoconhecimento como nunca imaginei que seria possível, tornou-se uma prioridade para mim compartilhá-lo com o mundo, pois o autoconhecimento é a resposta para uma vida plena.

Quando falamos nele, a palavra por si já entrega seu significado: conhecer a si mesmo. No entanto, apesar de ser uma premissa básica para viver bem, as pessoas continuam se desviando do caminho mais natural – que é ter esse encontro pessoal com elas mesmas – e seguem distraídas com circunstâncias que, na verdade, são apenas desculpas para não romperem a barreira do medo de descobrir quem elas são realmente.

Antes de continuar a leitura, responda para si mesmo: você conhece a sua verdadeira história? Há pessoas que passam uma vida inteira sem encarar a própria jornada que cruzaram ao longo do tempo. Em vez de buscarem uma autorrealização, se desenvolverem e cultivarem uma vida em abundância, elas evitam a todo custo o encontro consigo mesmas – que seria capaz de mudar todo o curso de suas histórias de fracasso ou quase sucesso para uma vida poderosa e repleta de realizações.

Nesta obra, você verá que tudo já está ao seu alcance, pois o desenvolvimento de suas potencialidades e novas possibilidades começa sempre de dentro para fora e a partir do que costumo chamar de "reforma íntima", que começa no encontro consigo mesmo. Para ter esse encontro, o primeiro passo é voltar-se para a sua história e relembrar as suas origens, de onde você veio, como foi a sua infância e quais caminhos você percorreu até chegar aonde está agora. Não se preocupe se tiver medo de encarar o seu passado e tudo o que lhe ocorreu nesse trajeto, pois ao longo deste livro explicarei como você pode fazer esse processo sem recuar.

Para lhe explicar melhor o porquê de nossa vida só se tornar plena quando conhecemos quem somos, recorro à minha própria história. Fomos ensinados que só alcançamos a paz quando morremos, porém aprendi que podemos, sim, ter uma vida plena, uma paz de espírito, nesta jornada, aqui no planeta Terra-escola. Na minha formação enquanto pessoa e mulher, nunca houve espaço para muito melindre. Desde cedo, a preocupação dos meus pais era basicamente que eu soubesse cozinhar e cuidar de um lar e da minha família, afinal era assim que vinha sendo passado de geração para geração.

Desconsidere tudo o que lhe falaram até hoje... porque a verdadeira história nunca foi contada.

Você já teve aquela sensação de que a vida não pode ser apenas aquilo que estamos acostumados a ouvir todo santo dia? Aquela velha história de que precisamos estudar – a depender das nossas origens e criação, nem precisa ser tanto –, casar, ter filhos, trabalhar muito, e, quando nos aposentarmos, então poderemos curtir a aposentadoria viajando?

Todo esse roteiro da vida me foi colocado desde sempre como o certo a ser perseguido – e, como já contei aqui, fui feliz na escolha de assim o fazer. Entretanto, à medida que eu ia amadurecendo, a sensação de que já não fazia muito mais sentido seguir exatamente a mesma cartilha que os antigos pregavam foi crescendo no meu subconsciente, que tratou de enviar seus sinais de que algo precisava mudar.

Uma coisa é certa quando você olha para o seu passado, suas raízes, sua origem: muito de quem você é começa a surgir bem diante dos seus olhos. Você passa a entender por que costuma ter determinados tipos de comportamentos e modos de pensar, começa a enxergar as suas reais potências, bem como as suas fragilidades. Contudo, o grande triunfo do autoconhecimento é justamente lhe mostrar que tudo aquilo que, dentro da sua história, estiver de alguma maneira limitando você e o impedindo de evoluir pode ser transformado a partir das suas escolhas e novas atitudes. E para isso é preciso ser flexível e adaptável.

Ao longo deste livro, você verá que essas duas habilidades são ferramentas fundamentais no processo de construção de uma vida plena, tanto que ambas foram cruciais no meu processo pessoal de mudança de mãe, dona de casa do campo e agropecuarista para tudo o que eu já era, mas agora sendo também pedagoga, terapeuta, mentora, autora e palestrante. Eu já não me limitava mais a apenas uma reduzida esfera de atuação na minha vida. Além disso, havia uma pergunta ainda sem resposta que causava a maior inquietação em mim: como alcançar o estado de plenitude tão escasso em nosso mundo?

Esse tema se tornou meu principal objeto de estudo. Mais de uma década depois, estudando incontáveis correntes de pensamento, entre elas, constelação familiar, PNL, física quântica e psicologia positiva, em dado momento – exatamente aquele que veio como um sopro de iluminação –, compreendi enfim que para alcançar esse estado era preciso seguir uma ordem de fatores-chave, ou seja, percorrer um caminho de autoconhecimento que me levou direto à compilação dos 12 passos.

1. Saúde.
2. Relacionamentos.
3. Clareza e objetividade.
4. Observação, sentimento, criação.
5. Cooperação e parcerias
6. Inteligência emocional.
7. Bom senso.
8. Eu me compraria?
9. Adaptação e flexibilidade.
10. Movimento interno e externo.
11. Persona magnetopositiva.
12. Resiliência plena.

CONSCIÊNCIA

Os 12 passos descritos neste livro trazem entendimento acerca de dois aspectos fundamentais sobre a vida. Primeiro, **a vida é movimento**. Temos a necessidade natural enquanto seres humanos de nos colocarmos em ação, e o caminho a ser percorrido nos leva para a nossa evolução pessoal. É por isso que você nunca está parado; caso isso aconteça, o sentimento de frustração logo surge. Sempre estamos em busca de algo, seja na formação de uma família, na aquisição de conhecimento por meio dos estudos, na construção de uma carreira, muitas vezes trabalhando uma vida inteira para isso.

Segundo, **a vida é uma grande equação**. Desde que nascemos, temos coordenadas a seguir, que vão desde se alimentar e se colocar em movimento para o nosso corpo se desenvolver, até aprender a falar, pensar e trilhar todo um caminho, nas mais diversas áreas, ao longo do nosso crescimento até o nosso último suspiro. Um exemplo disso são as escolhas que fazemos, que sempre geram um resultado positivo ou negativo, a depender de como equacionamos a situação.

À medida que fui construindo os 12 passos, eu pensava constantemente sobre esses dois aspectos da vida, e a cada passo que seguia, eu encontrava identificação com tudo que permeava a minha própria história. Além disso, a partir de tantas descobertas, percebi que muitas vezes o que nos falta para mudar a nossa história é saber qual direção devemos tomar para conduzir a nossa vida a uma plenitude, que enfim trará sentido a toda essa jornada.

Por isso, o que dividirei nesta obra é exatamente como percorrer esse caminho, e como podemos reescrever o roteiro da nossa vida, independentemente da área. Você aprenderá que, ao assumirmos livres de medos o nosso papel como protagonistas e autores da nossa própria história, *ser* para *ter* será o caminho natural da vida.

CONSCIÊNCIA CRÍSTICA

A consciência crística é um conceito espiritual que se originou na tradição cristã, mas também é encontrado em outras tradições religiosas e filosóficas. Essa consciência é muitas vezes definida como um estado de iluminação ou de despertar espiritual, no qual o indivíduo se torna consciente da sua conexão com Deus, com o Universo e com todas as coisas vivas.

De acordo com a tradição cristã, a consciência crística é representada por Jesus Cristo, considerado o Messias pelos cristãos. Jesus é visto como um exemplo de ser humano que alcançou a consciência crística plenamente, e os cristãos acreditam que todos os seres humanos têm o potencial de alcançar essa mesma consciência.

A consciência crística também pode ser definida como um estado de amor incondicional, compaixão, empatia e sabedoria, que nos permite viver uma vida plena e satisfatória, ajudando-nos a superar as dificuldades e os desafios da vida. Muitas pessoas acreditam que a prática da meditação, do autoconhecimento e da compaixão é fundamental para o desenvolvimento da consciência crística.

Acredito que, quando uma massa crítica muda sua consciência, ela traz uma transformação universal, uma regeneração.

Quando entendemos que podemos mudar as coisas, abrimos um mundo de possibilidades e oportunidades para nós mesmos. É verdade que muitas pessoas se prendem a uma visão fixa de si e de suas circunstâncias, acreditando que diagnósticos, situações financeiras ou outros fatores são imutáveis, definitivos. Isso pode levar a um sentimento de desesperança e resignação, que impede as pessoas de buscar mudanças e melhorias em suas vidas.

No entanto, a realidade é que tudo está em constante movimento e mudança, nada é fixo, e podemos exercer uma grande influência sobre os nossos destinos. Nós temos a capacidade de selecionar nossas atitudes, nossos pensamentos e comportamentos, e essas escolhas podem ter um impacto significativo em nossas vidas. Se estamos em uma situação financeira ruim, por exemplo, podemos tomar medidas para melhorar o cenário, como procurar novas oportunidades de trabalho, investir em educação ou aprender a administrar melhor as finanças.

Da mesma forma, se recebemos um diagnóstico médico desafiador, isso não significa que estamos condenados a uma vida de limitações e sofrimento. Podemos procurar tratamentos alternativos, mudar nossos hábitos de vida, buscar apoio emocional e espiritual e continuar acreditando em nossa capacidade de recuperação e de superar os desafios.

Quando percebemos que podemos mudar as coisas, nos tornamos mais resilientes e confiantes em nossa capacidade de lidar com os desafios e as adversidades da vida. Isso não significa que as mudanças serão fáceis ou imediatas, mas sim que temos o poder de fazer escolhas positivas e agir em direção a nossos objetivos. Ao adotarmos uma mentalidade de crescimento e evolução, podemos expandir nossas possibilidades e alcançar coisas que antes pareciam impossíveis.

COMO LER ESTE LIVRO?

Ser para ter: 12 passos para uma vida plena mostrará a você que tudo sempre está interligado. Por essa razão, ao passar pelos campos fundamentais da vida conforme descrito em cada capítulo, você perceberá que todos os passos são interdependentes e complementares, não sendo, portanto, possível negligenciar um passo e tentar compensar no outro. Caso isso aconteça, você acabará sentindo os impactos na sua vida, e não apenas na área que deixou de cuidar. Assim como na Roda da Vida, que ilustra como todas as áreas estão interconectadas, negligenciar uma pode afetar as outras, impactando assim o equilíbrio da roda e, consequentemente, da vida como um todo.

Então, leia atentamente cada um dos passos e suas recomendações e, de maneira gradual, incorpore-os na sua vida, pois, como você verá, tudo o que está descrito neste livro consiste em um **processo de construção** que exigirá de você perseverança, constância e persistência para alcançar os resultados de uma vida em plenitude.

Plenitude é "o estado ou a qualidade do que é pleno, cheio ou completo". Significa "totalidade". Essa inteireza começará a partir do pilar Saúde, que nos mantém firmes em nossos corpos não apenas físicos, mas também nas esferas mentais, emocionais, espirituais e energéticas. E uma vez tudo estando interligado, passo a passo serão abordados os métodos que você poderá aplicar para não só cuidar da sua saúde como um todo, mas também manter seus relacionamentos saudáveis, a sua clareza e a sua criatividade em altos níveis, assim como compreender o real sentido de cooperação e como desbloquear de vez a sua inteligência emocional.

Nesta obra, você também aprenderá como treinar a habilidade de conduzir seu próprio processo de autocuidado, de restauração dos pensamentos e sentimentos, de limpeza da mente, de desintoxicação das emoções e de reequilíbrio de quem você é. O resultado será o seu encontro consigo mesmo e a descoberta da sua versão imparável no caminho de ser para ter.

À medida que você avançar na leitura, será possível observar que todos os passos elevarão o seu nível de consciência e, consequentemente, de autoconhecimento. Assim, você será capaz de exercitar o seu bom senso, o seu *marketing* pessoal, além de compreender os mecanismos que o tornam adaptável e flexível para trabalhar com seus próprios movimentos e o conduzirão aonde você quer chegar. Desbloqueadas essas duas habilidades, a próxima fase o levará direto às instruções de como usar o seu magnetismo e a sua resiliência de uma maneira nunca explorada.

Trilhar os 12 passos realmente exige de nós mesmos. A transformação por vezes causará dor, pois essa é inerente ao crescimento. Você será testado, se sentirá cansado, e a vontade de desistir pode surgir no meio do caminho, mas não abandone o seu processo de autoconhecimento antes de ver o resultado de seu esforço. Todos os desafios aos quais você será exposto na realidade não são ruins, pois, apesar de a princípio parecer caótico esse percurso revelado, é a partir do caos e da desorganização que as coisas acontecem.

Por fim, no último passo, chamado de resiliência plena, você aprenderá a ressignificar aquilo que é necessário em sua vida, quando será capaz de fazer o que tem que ser feito assim que o momento caótico chegar. É como os grandes sábios, mestres, empreendedores e líderes agem; eles sabem que estabilidade não existe, por isso, quando caem, olham para o tombo, aprendem com o que aconteceu e se erguem tão rápido quanto caíram. Esse é um dos segredos dos vencedores.

Agora, o segredo maior já compartilhei aqui: quanto maior for o seu amor, menor será o seu medo. O amor é tão imprescindível em nossa vida que o apóstolo Paulo, em sua carta aos Coríntios, afirmou:

> 1 Ainda que eu falasse as línguas
> dos homens e dos anjos, e não
> tivesse amor, seria como o metal
> que soa ou como o sino que tine.
>
> 2 E ainda que tivesse o dom de profecia,
> e conhecesse todos os mistérios e toda
> a ciência, e ainda que tivesse toda a fé,
> de maneira tal que transportasse os
> montes, e não tivesse amor, nada seria.
>
> 3 E ainda que distribuísse toda a minha
> fortuna para sustento dos pobres,
> e ainda que entregasse o meu corpo
> para ser queimado, e não tivesse
> amor, nada disso me aproveitaria.
>
> (1 Coríntios, 13)

Então, que você escolha amar cada experiência proposta neste livro para lançar fora todo o medo que o impede de descobrir quem você realmente é e seu verdadeiro poder de transformar a realidade em uma vida plena.

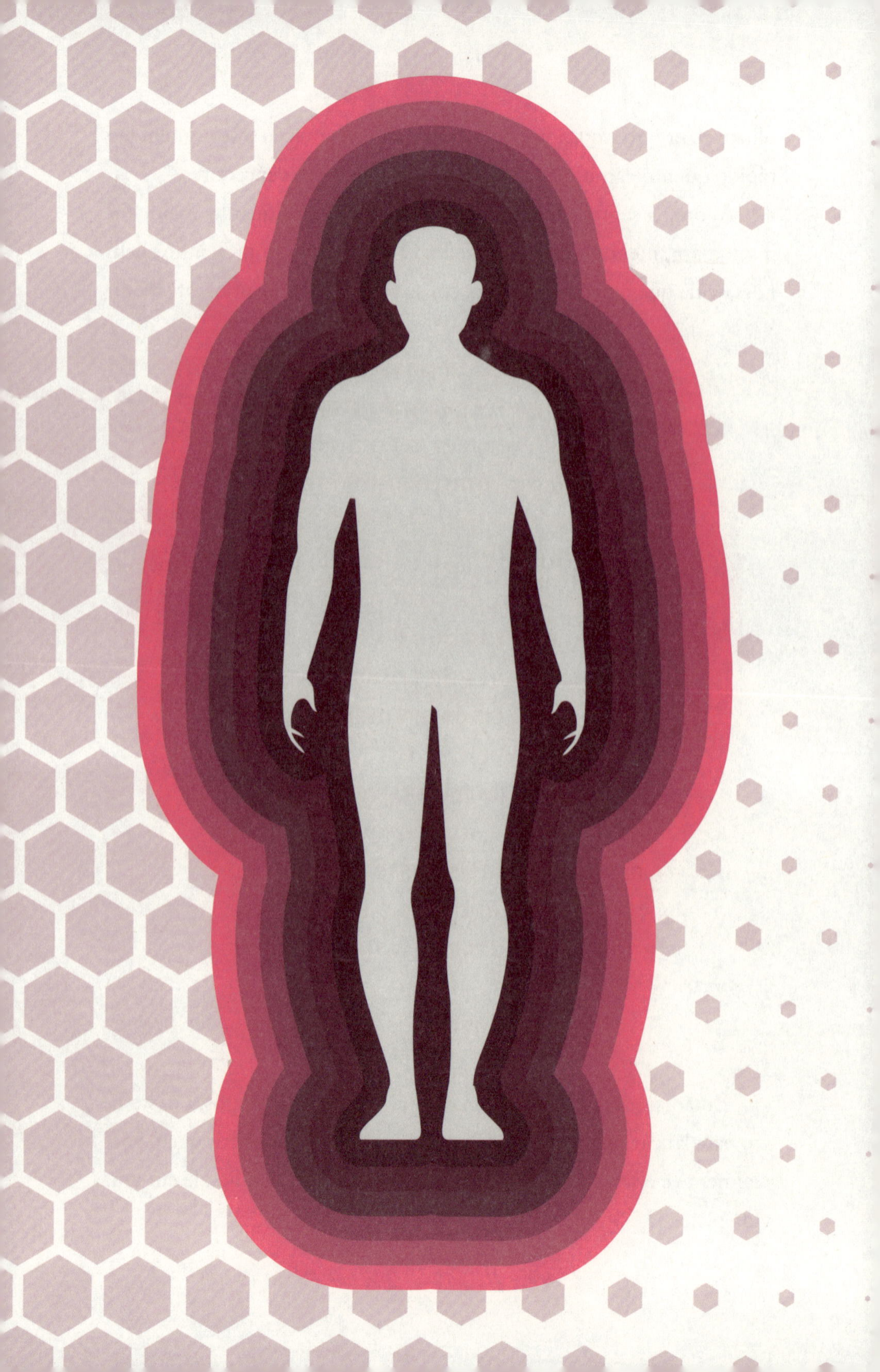

– PASSO 1–

CUIDE DA SUA SAÚDE

"Suas crenças agem como filtros em uma câmera, mudando a forma como você vê o mundo. E sua biologia se adapta a essas crenças."

DR. BRUCE LIPTON, PH.D.

Apenas imagine como seria a sua vida se, a cada atividade que você desempenhasse, tivesse que enfrentar o peso de um enorme fardo nas costas. Se alguma vez você já tentou trabalhar bastante doente, indisposto e sem energia, sabe bem do que estou falando. Aliás, inúmeras pessoas têm vivido exatamente assim, porém sequer percebem quão adoecidas já estão porque seguem dia após dia no modo automático. Ao deixarem de conduzir a própria vida por falta de atitude em relação ao que precisam fazer, a começar pelo cuidado com a saúde como um todo, mesmo aquilo que aparenta ser óbvio lhes escapa aos olhos.

Como você espera realizar uma jornada de transformação na sua vida, sem primeiro estar bem consigo? O cuidado com a saúde é o ponto de partida de todo o processo de autoconhecimento pelo qual você passará a partir da leitura deste livro, e que irá prepará-lo para tudo o que ainda está por vir.

O nosso **corpo** de fato é o nosso templo, a primeira casa que abriga tudo o que é essencial para vivermos neste mundo. É nele que estão amparados a nossa carne e os nossos ossos, além de todos os órgãos vitais responsáveis pelo nosso funcionamento biológico. É nele que está ancorada a nossa **mente**, dividida em camadas fundamentais do consciente e do subconsciente e que nos define como seres pensantes. É nele que está presente o nosso **espírito**, que nos caracteriza como seres viventes e dotados da centelha divina que nos torna capazes de criar. Assim como é dele que emana toda a nossa **energia**, que ao vibrar na frequência certa nos proporciona uma capacidade ilimitada para realizar o extraordinário.

Antes de compreender os caminhos do autoconhecimento, eu costumava ser aquela típica pessoa sedentária, desconectada tanto do meu corpo quanto das minhas outras partes, pois apenas seguia o expediente ordinário da vida. A programação que eu tinha na minha mente era essa: ser boa mãe, boa dona de casa, boa esposa, e nada mais. Eu negligenciava o cuidado com a minha saúde como um todo, pois ignorava o fato de que esse passo era o ponto fundamental para me levar aonde eu quisesse chegar. Via meu pai forte, sempre no pesado trabalho braçal, empregando um máximo esforço no campo, assim como a minha mãe, que, mesmo com o seu 1,56 m de altura, havia dado à luz três bebês de uma única vez, e aquilo me alimentava a crença de que a nossa saúde era de ferro. Até que a vida tratou de me ensinar que, na realidade, se não exercitarmos o autocuidado, não há saúde que resista.

A doença do meu pai foi o maior sinal de alerta para mim, que fez voltar a minha atenção para o ponto de partida no cuidado com a saúde, que começa na mente. Vivendo na pele tudo o que passamos a enfrentar com a sua nova condição, entendi que as emoções adoecem, então sabia que não podia procrastinar mais o que deveria fazer, e isso significava ir em busca de mecanismos para romper esse ciclo vicioso da doença.

A ESCALADA DAS EMOÇÕES EM HERTZ

Quando conheci a escala de consciência desenvolvida pelo cientista David R. Hawkins, a qual ordena as emoções humanas de acordo com a frequência vibracional que emitimos, uma imensa janela se abriu em meus pensamentos. Como a própria física explica, somos dotados de energia que funciona basicamente como uma corrente elétrica em nosso corpo, nos permitindo movimentar, pensar, usar nossos sentidos para a sobrevivência, e assim por diante.

Essa energia produz uma vibração, que por sua vez é captada pelo efeito de onda que provoca. Assim, quando estamos com medo e começamos a tremer, ou com raiva e começamos a sentir calor no rosto, ou quando estamos alegres e soltamos uma sonora gargalhada, cada uma dessas reações emite uma onda cuja frequência pode ser medida em Hertz.

Voltando à escala de Hawkins, sua inestimável contribuição para todos aqueles que buscam o autoconhecimento foi catalogar um total de dezessete níveis de emoções humanas e mensurar a frequência delas em Hertz. Como somos seres emocionais, nosso estado de consciência vai sendo modificado de acordo com cada uma das principais emoções que nos regem. Das mais baixas – como vergonha, culpa, tristeza, medo e raiva – às mais altas – como coragem, aceitação, amor, paz –, há uma escalada de emoções cujo último nível a ser alcançado é o estado de iluminação.

NÍVEL DE CONSCIÊNCIA	FREQUÊNCIA (HZ) - LOG		EMOÇÃO	VISÃO DE VIDA	VISÃO DE DEUS	PROCESSO
ILUMINAÇÃO	700 - 1000	↑	INDESCRITÍVEL	EU SOU	EU	PLENA CONSCIÊNCIA
PAZ	600	↑	FELICIDADE	PERFEITO	ONIPRESENÇA	ILUMINAÇÃO
ALEGRIA	540	↑	SERENIDADE	COMPLETO	UNIDADE	TRANSMUTAÇÃO
AMOR	500	↑	REVERÊNCIA	BENIGNO	AMOROSO	REVELAÇÃO
RAZÃO	400	↑	COMPREENSÃO	SIGNIFICATIVO	SÁBIO	ABSTRAÇÃO
ACEITAÇÃO	350	↑	PERDÃO	HARMONIOSO	MISERICORDIOSO	TRANSCENDÊNCIA
BOA VONTADE	310	↑	OTIMISTA	ESPERANÇOSO	INSPIRADOR	INTENÇÃO
NEUTRALIDADE	250	↑	VERDADEIRO	SATISFATÓRIO	AUTORIZADOR	LIBERTAÇÃO
CORAGEM	200	↓↑	AFIRMAÇÃO	POSSÍVEL	PERMISSOR	EMPODERAMENTO
ORGULHO	175	↓	DESPREZO	EXIGENTE	INDIFERENTE	INFLAÇÃO
RAIVA	150	↓	ÓDIO	ANTAGÔNICO	RANCOROSO	AGRESSÃO
DESEJO	125	↓	DESEJO	DESAPONTADOR	NEGADOR	ESCRAVIZAÇÃO
MEDO	100	↓	ANSIEDADE	ASSUSTADOR	PUNITIVO	EVAZÃO
TRISTEZA	75	↓	ARREPENDIMENTO	TRÁGICO	DESRESPEITADOR	DESÂNIMO
APATIA	50	↓	DESESPERO	DESESPERANÇOSO	CONDENADOR	ABDICAÇÃO
CULPA	30	↓	OFENSA	INFORTUNO	VINGATIVO	DESTRUIÇÃO
VERGONHA	20	↓	HUMILHAÇÃO	MISERÁVEL	DESPREZADOR	ELIMINAÇÃO

Quando entendemos que os pensamentos são baseados nos sentimentos, e atreladas aos sentimentos estão as emoções, prestar atenção no que sentimos é fator determinante do nosso estado geral. Quais crenças carregamos? Como temos alimentado nossos sentimentos e consequentemente nossos pensamentos?

Quando passamos a refletir sobre essas questões, buscar o autoconhecimento para estabelecer uma nova programação mental é uma atitude decisiva para o sucesso do primeiro passo em direção a uma vida plena.

O subconsciente é uma parte da mente que abriga pensamentos, sentimentos, memórias, crenças e comportamentos que não estão conscientemente acessíveis. Essa região está abaixo do nível da consciência e não é facilmente acessível ou controlável pela nossa vontade. É como se fosse uma "camada" abaixo do nível consciente da mente, no qual muitas vezes nossas experiências passadas e emoções estão armazenadas e podem influenciar ações, decisões e emoções sem que tenhamos plena consciência disso.

Por exemplo, memórias traumáticas podem estar armazenadas no subconsciente e se manifestar por meio de medos, fobias ou sintomas físicos, mesmo que a pessoa não esteja conscientemente pensando sobre o evento traumático. Da mesma forma, crenças limitantes ou padrões de comportamento negativos podem estar enraizados no subconsciente e afetar nossas ações e emoções de maneiras que não compreendemos conscientemente.

Embora não tenhamos controle direto sobre o subconsciente, é possível trabalhar com ele para ajudar a mudar pensamentos e comportamentos indesejados e liberar memórias traumáticas ou crenças limitantes. Terapia e outras técnicas de autoconhecimento podem ajudar a trazer essas experiências subconscientes à luz para que sejam processadas de modo consciente.

Olhar para os cantos fechados e escuros da nossa mente causa dor, mas para curar é preciso olhar.

Como disse anteriormente, eu não havia aprendido até perto dos meus trinta anos o que significava cuidar da saúde de verdade. Não conseguia gostar de exercícios de jeito nenhum, meus hábitos alimentares eram os mesmos que eu havia herdado dos meus familiares, e nunca nem tinha ouvido falar sobre terapias alternativas para o reequilíbrio energético do corpo. Apesar de tudo isso, felizmente a fagulha de curiosidade sempre esteve viva em mim e me fez buscar o caminho do novo pensamento, o que me salvou de passar o restante dos meus dias presa a privações de saúde que chegariam ao longo do tempo em virtude da falta de cuidados, como contarei mais adiante.

Acordar cedo, tomar suco verde e postar treino da academia sempre parece muito incrível, assim como praticar ho'oponopono, meditar ou rezar. Mas a pergunta que fica é: essas pessoas que mostram um estilo de vida equilibrado e saudável estão fazendo tudo isso com a alma ou apenas com o lado automático da mente? Se esse for o seu caso, aqui vai um segredo: não importa o que você faz, mas sim a intenção que você coloca naquilo que faz.

É claro que as práticas que promovam a saúde e a cura de enfermidades podem e devem ser realizadas por todos nós, mas, antes de qualquer ação, precisamos entender que todo processo de cura tem que vir de dentro. De que adianta você forçar um sorriso, falseando uma vida perfeita, na tentativa de viver uma positividade que na realidade se tornou tóxica?

No final das contas, fingir um bem-estar que não existe lhe causará mais dor, e é preciso tomar muito cuidado com isso, pois, como o ser humano não gosta de gastar energia, nos conectamos de maneira muito mais fácil à dor, que está intimamente ligada às frequências mais baixas de vibração na escala das emoções. Além disso, por mais estranhamento que isso cause, nós adoramos nos autodepreciar, e sabe por quê? Porque nos sentimos mais pertencentes dessa maneira. Mas a boa notícia é que não precisamos mais agir assim.

TUDO NA VIDA É CONSTRUÇÃO

A maioria das pessoas sempre quer algo na vida, mas quantas estão dispostas a construir aquilo que almejam? Em um mundo cada vez mais imediatista, não será mesmo tarefa fácil, mas lembre-se do que acabei de lhe contar aqui sobre a nossa predisposição para buscar o caminho mais fácil na tentativa de evitar a dor.

Sinceramente, quanto mais evitamos senti-la, mais subestimamos nossa força, e mais energia mental gastamos. Por isso, meu convite a você não só no Passo 1, mas em todos os outros que serão discutidos neste livro, é que você olhe para dentro, afinal está tudo aí, como já mencionei. A sua inteligência emocional precisa ser ativada, e o caminho para estimulá-la é passar a ressignificar tudo aquilo que lhe acontece e que inicialmente não parece nada bom; como diria Napoleon Hill: "Toda adversidade traz consigo a semente de um benefício maior".

Você já tinha ouvido falar que somos um sistema dentro de sistemas? Se ainda não, eu lhe explico. Nosso corpo é um sistema biológico e psíquico, ou seja, temos um sistema fisiológico e uma mente; também somos gregários, isto é, vivemos em sociedade, e esse é outro sistema, dividido em diversas esferas, como a ética, a política, a filosófica, a científica, a religiosa, e assim por diante.

Observando o mundo ao nosso redor, podemos ver que cada conjunto de coisas é um sistema interconectado. Como seres humanos, somos construtores ativos desses sistemas. **Somos arquitetos da nossa**

realidade e construímos tudo primeiro em nossa mente. É aí que criamos nossas crenças, nossos pensamentos e comportamentos, que moldam nossa realidade. Essa compreensão é baseada em diversas fontes, como a metafísica, a ciência, a fé e o autoconhecimento. Ao expandir nossa consciência e compreender nossa capacidade de construir nossas vidas, podemos encontrar um propósito maior e uma satisfação mais profunda.

Desde os primórdios da humanidade, nós, seres humanos, buscamos explicar o mundo, e posso dizer que conseguimos! Não só explicamos, como deixamos inclusive as leis que o regem escritas em diversos formatos, seja nos textos sagrados, nos cânones da ciência, da filosofia ou das correntes espiritualistas, como as 12 leis universais ou as sete leis herméticas de Caibalion, ou ainda as sete leis espirituais do sucesso de Deepak Chopra, e tantos outros ensinamentos da escola do Novo Pensamento, difundidos por nomes como Phineas P. Quimby, Wallace D. Wattles e William W. Atkinson. Independentemente da corrente, o que todas elas têm em comum é o fato de serem leis da natureza, mais especificamente da natureza humana, que é complexa e por isso mesmo fascinante.

> Quando você muda a sua crença,
> você cura a sua vida.

Agora que você já sabe que temos um campo infinito de possibilidades, não deixe de ressignificar a sua vida, construindo um novo pensamento que se tornará a sua próxima realidade. Conecte-se com a força criadora que já existe em você desde o seu nascimento e se permita começar a partir de hoje o plano para a sua melhor saúde.

CUIDE DO SEU TEMPLO

A frase "O seu corpo é o seu templo" não poderia ser mais correta. O nosso corpo físico é o primeiro dos nossos sete corpos, de acordo com a visão espiritualista. E para que possamos alcançar o máximo resultado de nossa saúde, é preciso estarmos atentos ao físico, cuidando da manutenção convencional com exercícios, alimentação equilibrada, boa qualidade de sono, tempo de descanso, eliminação de estresses e vícios. Além disso, é fundamental considerarmos a relação entre saúde e espiritualidade, pois os nossos demais corpos emocionais, racionais e espirituais influenciam diretamente nosso corpo físico.

Assuma a responsabilidade de cuidar de cada aspecto da sua saúde, acionando a sua consciência para a mudança de estilo de vida de maneira gradual e persistente. Escolha uma atividade que mais se adeque ao seu estilo de vida e se esforce para sair do padrão de estagnação que o tem prendido. Logo, você notará que o investimento em uma nova atividade trará benefícios em outras esferas da sua saúde. Além dos benefícios físicos – aumento de hormônios bons, como endorfina e serotonina, melhor oxigenação para a renovação celular, ganho de agilidade, entre outros –, seu estado psicológico também será beneficiado com a redução do cortisol, ajudando a combater a ansiedade e estados depressivos.

De acordo com o Protocolo nº 100 (*World Health Organization Protocol of Life*) da Organização Mundial da Saúde (OMS), há seis campos de ação da saúde:

1. Espiritual;	3. Psicológico;	5. Ambiental; e
2. Biológico;	4. Social;	6. Funcional.

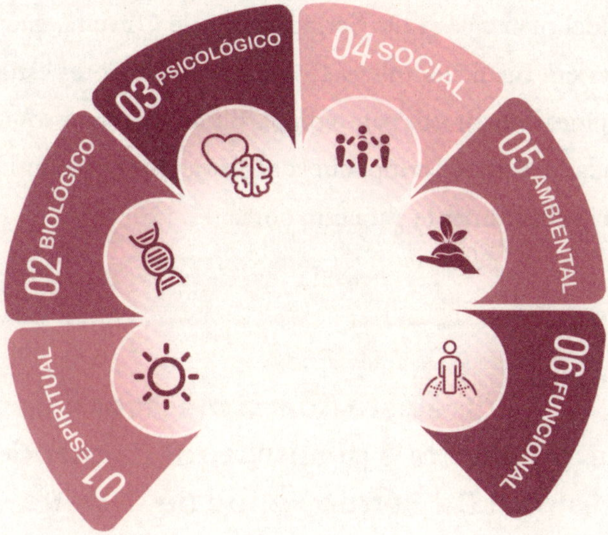

Ao cuidar do seu corpo, você adquire novas ferramentas para reprogramar sua mente e continuar a se desenvolver em outras áreas da sua vida. Você descobrirá um novo ambiente social e terá experiências únicas em sua jornada. Além disso, melhorias no seu ambiente podem ocorrer, já que o movimento do corpo é capaz de mudar o seu padrão vibratório, elevando as emoções e reduzindo estados inflamatórios. Sua vida se tornará mais funcional à medida que sua mente se beneficiar do novo padrão de saúde e de soluções práticas, e ideias rentáveis começarão a surgir de forma natural. Isso faz parte do processo de construir uma nova realidade a partir dos seus pensamentos. Independentemente da sua crença, sua espiritualidade será aprimorada, uma vez que a reprogramação da sua mente pode resultar na expansão da sua consciência. Você perceberá que a sua centelha divina será reavivada, e isso levará você cada vez mais longe.

Para fechar com chave de ouro este passo, trago um presente! A fim de disponibilizar o melhor em informação no campo da saúde integrativa, convidei meu colega Dr. Sérgio Felipe de Oliveira, que é médico especialista em medicina integrativa e um dos maiores estudiosos da glândula pineal do Brasil, para compartilhar sua visão sobre saúde e espiritualidade. Então, acompanhe a seguir a entrevista do Dr. Sérgio, concedida exclusivamente para esta obra.

Entrevista com o médico, neurocientista e pesquisador da glândula pineal Dr. Sérgio Felipe de Oliveira

Como se dá a intersecção entre saúde e espiritualidade?
Existem muitas formas de responder a essa pergunta. O interessante é que saúde em francês é *santé*, que é o mesmo nome que pode estar em "santo" ou "santidade", ou seja, são estruturas interligadas.

As pessoas sabem disso, doutor? Que elas estão associadas?
Eu recebo os meus pacientes aqui, e eles procuram entender essa relação também. Sempre vem aquela pergunta: "Meu problema é espiritual? É orgânico? É psicológico?". Então sempre surge outra pergunta: "De que natureza é?". Existe uma diferença entre saúde e aquilo que a medicina considera como tratar doenças. A saúde e a promoção de saúde são compromissos de todo cidadão. Saúde é uma atividade de cidadania, vamos dizer assim. A Organização Mundial da Saúde (OMS) diz que a promoção da saúde é sua prioridade. Existe um questionário da OMS sobre qualidade de vida, que é o protocolo de número 100, também conhecido como *World Health Organization Protocol of Life*. Esse protocolo investe nos diversos domínios daquilo que se entende como campo de ação da saúde, logo corresponde ao biológico, ao psicológico, ao social, ao

ambiental, ao funcional e ao espiritual. Então o espiritual é um dos eixos de compreensão da dimensão humana que completam a noção de saúde.

Perfeito. Isso é bem importante porque está havendo um movimento no mundo, e eu acredito que as pessoas estão começando a "despertar"; basicamente, acredito que é nesse eixo. A segunda pergunta é: "Quais são as funções da glândula pineal e como ela se relaciona com o corpo, a mente, o espiritual e a centelha divina?"
A glândula pineal é uma glândula presente em todos os animais, todas as escalas zoológicas.

E achava-se que não, certo?
Esse é um conhecimento que faz parte do domínio da ciência já há séculos. A pineal é, vamos dizer assim, um relógio do corpo. Ela coordena os ritmos e a referência, e essa coordenação de ritmos precisa estar engajada dentro do ecossistema. A gente, na verdade, convive com a natureza, e existe uma codependência, uma relação sistêmica com a natureza. Então os ritmos biológicos, nossos ritmos, estão coordenados com o ecossistema, com a natureza. Logo é preciso ter uma referência única para todos os seres, e essa referência única é o céu. Todos os seres estão debaixo do mesmo céu, e ele funciona como aquilo que se chama de "Zeitgeber", as estruturas de comando rítmico. Então, por exemplo, o som de vigília tem o ritmo do Sol; os hormônios sexuais ou reprodutivos, o ritmo da Lua; uma gravidez tem um ano lunar… O céu coordena os ritmos e a pineal os capta. Dessa forma, existe uma coordenação rítmica, interna, corporal e relacionada ao ecossistema. Bom, mas se você interpretar o céu como algo que vai além das estrelas, a gente vai cair em outras dimensões do espaço, e pode ser que você entre em um terreno espiritual. Mas há outra coisa também: a pineal é um sensor magnético, então ela também capta as relações empáticas, e assim você percebe o outro. É a partir desse campo que a gente entra no terreno espiritual, nas interações mentais e espirituais.

É incrível porque essa é a terceira pergunta: "Que tipos de ondas a glândula pineal capta e quais ela emite?"
A pineal não emite, ela é um sensor e, como um sensor, ela capta.

Qual é a relação entre duas ou mais glândulas pineais? Por exemplo, com a visão?
Por exemplo, o nosso Universo tem uma proporção. Se você estiver em um observatório astronômico usando um radiotelescópio de energia escura, vai captar ondas no fim do Universo, energias que são representantes do que está além daquilo que é chamado de Universo de matéria bariônica. E esse Universo de matéria bariônica é tudo o que está na Tabela Periódica, tudo o que se conhece de elementos químicos e física. Esse Universo tem um tamanho e, além desse tamanho, vamos ter mais de 90% de outro Universo chamado de Universo de energia escura, cuja estrutura material se desconhece, mas ele pressiona o nosso Universo de energia bariônica e gera uma energia que é detectada pelo radiotelescópio de energia escura. Então existem vibrações que a ciência ainda não conseguiu sensores para detectar, mas eu acho que a pineal tem essa possibilidade, então é uma presunção que eu estou falando, uma hipótese. Mas eu acho que é como se a pineal captasse ondas "do lado de lá", vamos dizer assim.

Entendi. É aquela coisa da sensação extrassensorial?
É que não é extrassensorial, a pineal é um órgão sensorial. Mas o que se chamava de extrassensorial deve ser a sensorialidade da pineal que capta essas vibrações.

Que capta além do que a gente conhece.
É. Exato.

Perfeito. A próxima, doutor, é: "A glândula pineal é uma gerente endócrina que influencia todas as outras glândulas. Por sua vez, ela também é influenciada por essas glândulas que ela influencia?".

Isso é um mecanismo da endocrinologia que se chama *bioterismo de feedback*. Todas as glândulas funcionam assim. Ela gera um hormônio; conforme a resposta, ela pode gerar mais ou menos hormônio. Então, por exemplo, a hipófise gera o TSH, que estimula a tireoide a produzir hormônio tireoidiano, T3 e T4. Se a tireoide produz pouco, porque está com nódulo ou algo, a hipófise produz mais TSH para falar "ei, acorda!". Se a tireoide estiver muito ativa, produzindo bastante, o TSH diminui. Então isso se chama *regulação por feedback*. Todas as glândulas funcionam desse jeito, a pineal também. A pineal regula os ritmos glandulares. A pineal tem uma relação com uma estrutura denominada eixo melatoninésico e está ligada aos genes cronobiológicos. Deram um Prêmio Nobel, recentemente, aos cientistas que descobriram isso.

Nossa, ela é realmente fundamental, em tudo. A quinta pergunta é a seguinte: "Qual é a relação entre duas ou mais glândulas pineais, ou seja, de uma pessoa para outra pessoa? Elas interagem?".

Por exemplo, seria mais ou menos como eu estou falando e você está me ouvindo. E você está falando e eu estou te ouvindo. Ou eu estou te vendo e você está me vendo. Então existe uma interação, porque o meu campo alcança a sua pineal e o seu campo alcança a minha. Então a gente se percebe da visão e para além da audição.

É a história do santo "poder bater" ou não, falando em termos populares (risos).

É verdade. Exatamente.

É interessante isso. Precisamos trazer o conceito da glândula pineal, que já é bastante estudado, para o público de modo geral. Foi algo que eu queria traduzir, porque saúde é um dos meus pilares. É bem curioso isso... não é porque está nos corpos separadamente que não haverá uma interação. Acredito que nesse caso elas se conectam. A seguinte pergunta é: "Qual é a influência de sensações físicas, emoções, sentimentos e pensamentos na saúde do ser humano?

A gente poderia dizer que todos os seres vivos têm emoções. Isso é muito visível nos animais. E essas emoções desembocam bastante na angústia do abandono. Pode ver: o cachorrinho está sempre angustiado se você vai deixá-lo. Essa angústia do abandono sintetiza esse movimento de emoções. Já o sentimento é uma elaboração da emoção. Eu posso ter raiva dentro de mim, mas ter um sentimento de que eu preciso dominar aquela raiva, de que eu preciso ressignificar. Então eu acho que o sentimento já é uma elaboração das emoções. Agora em relação aos pensamentos: se a emoção é como a água, o pensamento é como as margens de um rio que dão direção e contenção para essa água. Mas o pensamento e as emoções são interativos, eles se manifestam na matéria impregnando campos, e esses campos atingem as células. É como um violão: você toca uma corda e sente uma emoção advinda daquela sonoridade. Existe uma interação entre a onda mecânica e a emoção. A onda atinge o seu tímpano e você ouve, e aí aquilo é transformado em uma emoção. Então existe um elo entre as emoções, o pensamento e as vibrações, sejam elas vibrações sonoras ou eletromagnéticas. As células são sensíveis a esse tipo de envolvimento.

É como se disparasse um alerta, por exemplo, do medo, né? A gente consegue sentir reverberar.

O corpo já reverbera, ele já aumenta a produção de adrenalina, cortisol.

E as sensações físicas também influenciariam na saúde, na sensação em si?
Ah, sim, porque, por exemplo, a dor impressiona muito o espírito e ao mesmo tempo é uma percepção, porque o indivíduo pode ter uma lesão sem dor e pode ter dor sem lesão. Ou você pode ter o carinho, o toque. O bebê depende desse carinho, desse toque para se desenvolver. Então influenciam o espírito.

Muito interessante essa parte da dor porque há todo um estudo, há pessoas que não têm nenhum tipo de quadro clínico, segundo os exames, porém sentem muita dor.
Porque a dor é uma percepção. É diferente da nossa acepção. A nossa acepção é quando você lesa e inflama o local. Um jogador de futebol, quando está para fazer um gol, pode fraturar a canela e não perceber dor nenhuma; ele só vai perceber no vestiário, por conta da empolgação com o gol. Mas quando ele para e começa a prestar atenção na perna, passa a sentir a dor. Então a dor é uma percepção.

É importante destacar esse ponto para as pessoas começarem a ter uma percepção maior do que elas veem e presenciam. A próxima é assim: "O ser humano tem o poder da autocura? Está dentro dele a resposta das curas?".
Então, precisa ver o que é cura. Porque eu usaria um conceito trazido pelo Viktor Frankl: a doença é um sofrimento que não tem sentido; se passa a ter um sentido, não é mais doença, é um caminho. E a etimologia da palavra medicamento quer dizer caminho, remédio é reencaminhar. Então, eu acho que a autocura é você encontrar significado nas experiências pelas quais você passa.

Nossa, perfeito. Porque as pessoas vão passar por inúmeras experiências.

Ou você pode tratar para aliviar, mas você tem que perguntar o que a natureza está chamando de você, porque é sempre a melhor parte, o significado transformador daquela experiência.

Então, se formos pensar em todas aquelas doenças maiores e temerosas, como um câncer, algo que a pessoa fala que é incurável, enfim, pensa-se então como uma travessia, uma transformação.

Tem que ir decodificando o que a natureza está chamando de você.

Imagino que seja mais relacionado ao processo evolutivo então.

Exato. São experiências. Em toda experiência a gente tem que encarar o destino que está nos chamando.

Perfeito. E como o senhor vê a aplicação das alternativas paralelamente à medicina tradicional?

Então, esse "alternativo", "paralelo", eu não sei se seria o ideal. Eu acho que tem que ser integrativo. Porque o paralelo interage, e o alternativo exclui. Então eu acho que o melhor é integrar ações, saber integrá-las e ver qual é a congruência dessas ações com o mesmo foco, cada um agindo por um ângulo.

Uma não exclui a outra. Isso é importante, porque senão não existiria mais a medicina como a gente conhece ainda.

Acho que seriam ações complementares, e não alternativas exatamente.

E como os cuidados com a qualidade da saúde interferem na relação da idade física *versus* a idade cronológica?

Eu acho que em cada fase da vida o físico tem uma performance. Não adianta você ter um físico mais velho, mais maduro, e desejar a performance do físico de um jovem. Eu acho que existem experiências diferentes; então, por exemplo, o jovem às vezes não encontra prazer numa caminhada, porque ele não tem sensibilidade para perceber toda essa relação mente/corpo que surge no prazer de uma simples caminhada. Mas quando ele tiver mais idade, às vezes o que ele vai querer fazer é uma caminhada, e aquilo vai ser prazeroso e saudável para ele também. Nesse momento, talvez não seja saudável a corrida que ele fazia antes, porque os ligamentos distendem, a artrose não deixa, o coração não aguenta (risos). Então eu acho que existem adequações, e nosso organismo precisa ter uma boa relação mente/corpo para sabermos a que devemos nos adequar e o que a gente vai aprender ou desenvolver a partir disso. Pelo menos essa tem sido a minha experiência, senão fica uma busca *fitness* de uma tal forma que de repente a gente precisa, a partir de determinado momento, dessa interação mente/corpo, e essa interação pode ser uma caminhada, uma respiração, um exercício de reflexão, um mergulho que você faz com calma, em que você alonga os músculos, e aquilo já é muito bom. E é importante que haja ritmo, porque o que vai determinar a percepção das células de que você está fazendo um movimento saudável é se você sustentar os ritmos; todos os dias você faz nem que seja por um breve período, que seja alguma coisa mais suave se o seu corpo não suportar de outro jeito. E assim as células vão identificando como um movimento de energia saudável e se adaptando àquele molde. Se não tem ritmo, não há uma percepção do corpo de que você está fazendo um movimento saudável.

E o corpo, inteligentíssimo, está à nossa frente. Como uma espiritualidade saudável, através do hábito da oração, influencia a mente e o corpo físico?

Eu acho que a oração é um modo contínuo, como a respiração. Ela é a trilha de nossa intencionalidade. Então todos os movimentos, todos os pensamentos, todas as nossas ações vão nessa intencionalidade. Em um momento que você pare para fazer uma prece, uma oração, um mantra, alguma coisa assim, você está fazendo uma síntese desses movimentos no seu dia a dia, então a oração é um modo contínuo. O que se chama de oração, no senso comum, seria uma conclusão. Porque não adianta nada fazer uma oração se passou o dia completamente desconectado, então você não construiu nada. Então aquela oração fica sem degrau para você subir. A oração um processo de construção, é um modo contínuo. E a oração é entrar no eixo. A oração é você calibrar as suas vibrações com as vibrações da natureza. Porque a natureza é uma construção divina, então traz as vibrações divinas. Dessa forma, a oração é uma calibragem; você calibra a sua vibração com o Cosmos, você entra nessa conexão, então você traz essa conexão interna e a sua colocação nesse Cosmos.

É por isso que as pessoas se sentem bem viajando em meio à natureza?
Sem dúvidas. Mas eu não sei se a pessoa precisa viajar para ver a natureza; seria uma coisa estranha, porque a natureza precisa estar na sua casa. A natureza é essencial, porque as vibrações da natureza estão presentes na Ressonância Schumann; elas são de 7,8 a 12 Hz, a mesma vibração das ondas alfa cerebrais que você gera quando faz uma oração.

Muito bom. Então realmente a oração tem efeito...
É, mas precisa ser a construção de um modo contínuo, de uma intencionalidade de vida.

Não é uma mera repetição que a pessoa não vai entender, por exemplo.

Ou uma incongruência, por exemplo, como um traficante de uma comunidade que frequenta a igreja para pedir o perdão por tudo aquilo que ele fez (risos).

Não faz o menor sentido. Estão desconectados.
É. Estão desconectados. Então a gente precisa ter uma congruência. Um indivíduo leva uma vida corrupta, e a oração dele é o quê? Eu penso que as quedas do coração, que são os nossos equívocos, nossas fraquezas, nossa ignorância, são sempre degraus para a gente subir. As quedas da inteligência são um poço profundo. Quando existe, vamos dizer assim, um modo intencional, a pessoa não faz um mal deliberado. Nós temos as nossas falhas, mas o mal deliberado não combina com a oração. Tem que ter congruência para você poder dar movimento para aquela sintonia, alcançar mesmo a sintonia.

Esse é o momento de trazer o que quiser de colaboração. Infinitas possibilidades.
Qual é o título do livro?

***Ser para ter: 12 passos para uma vida plena*. Ele traz pilares que são saúde, as relações saudáveis… coloco uma série de eixos: cuidar da saúde; ter relacionamentos saudáveis; ser claro e objetivo; observar, sentir e criar; cooperação e parceria…**
Você sabe o que é o Poliedro de Platão?

Sim, já tinha ouvido falar.
Poliedros de Platão são os poliedros que têm faces iguais. Um deles é o icosaedro, que tem 20 lados iguais e 12 vértices. São 12 passos, né? Então há 12 vértices no icosaedro de Platão; não sei se você gostaria de usar essa referência…

Com certeza. Incrível! E o que a gente poderia dizer de forma simplificada sobre isso?
Esse é um movimento da geometria sagrada. E às vezes organizar ideias em torno de pontos da geometria sagrada pode ajudar a colocar ordem no raciocínio, na ideia. Porque esse icosaedro pode girar.

E é tão importante, né? Se o ser humano perde a capacidade de pensar e raciocinar, o que sobra?
A geometria sempre ajuda a colocar ordem. Por exemplo, "o ponto certo", "chegar ao ponto", "Deus escreve reto por linhas tortas", "triângulo amoroso". Ou a "trindade", "santíssima Trindade". A geometria sempre é uma referência para ordenar um raciocínio, entendeu?

Isso é incrível. Uma contribuição assim… Agradeço profundamente, doutor. É legal explicar isso de forma profunda para as pessoas. Há muitas coisas que são numéricas e agora dá para ter uma ideia do que significam.
Estava pensando em 12 passos, de repente esse espaço pode ser dado a partir de qualquer referência para a qual olhamos e por onde começar.

Seria dar uma ordem no caos.
É, e é uma geometria sagrada.

Tudo caminha para que a gente busque, enfim, respostas.
É uma ideia interessante da geometria sagrada. Quando você fala em "passos", você começa por algum lugar. Então às vezes um começa por um lado, e outro começa por outro. E às vezes esses passos não estão tão claros assim, estão em pontos em uma geometria complexa, então é uma forma de dar uma ordem.

É possível que isso esteja mais próximo das pessoas? Eu tenho a impressão de que ainda não é tão difundida a questão da geometria sagrada.
Não, não acho que seja mesmo. Mas as pessoas usam, né?

Sem saber, de forma inconsciente.
Sem saber. Porque, na verdade, o que é sagrado na geometria é que há uma ordem no Universo e uma lógica. Então, quando a gente encaixa na geometria as geometrias do Universo tão especiais, como os Poliedros de Platão, organiza as ideias de uma forma espacial, vamos dizer assim.

Aí não tem como dar errado (risos).
Não sei se dá errado ou não. Você dá um tom pedagógico, um mapa que ajuda a pessoa a visualizar melhor as ideias.

Olha, eu acredito que nesse caso acertei bem em colocar a saúde no primeiro passo porque se você não tem, né... E, de uma forma completa, não penso só na saúde física, mas também mental, espiritual e em todos os níveis. Uso até a ideia dos sete corpos. Começa-se arrumando essa casa depois voar.
É que saúde é uma coisa interessante; é preciso tratar o paciente para que ele possa realizar a nobre missão que o trouxe ao mundo. Então se você não tem uma ideia de para o que veio, não consegue movimentar as suas ações, acordar de manhã, você não sabe para o quê. Então essa referência não é exatamente saúde, mas impacta a saúde da pessoa. Ela vai se deitar à noite, com a mente agitada, insatisfeita com o dia, sem saber o que vai ser amanhã, levanta-se de manhã sem saber por que vai ou para onde vai, isso não está trazendo respostas. Então, às vezes, alcançar a saúde envolve, num primeiro momento, você se localizar no porquê da sua vida.

Nossa, pertinentíssimo. Muito obrigada. Coincidentemente estamos falando sobre geometria sagrada, ou seja, ela efetivamente ajuda a organizar. Porque esse é o entendimento, o livro também tem uma sequência, tem essa ordem, essa organização, para que a pessoa consiga usar como ferramenta. Essa, é claro, é diferente de uma ficção ou de um romance, mas a gente está trazendo um conteúdo que precisa ser um ferramental para todas as pessoas que se depararem com o livro. E quando a gente fala de saúde, é tão amplo, parece tão genérico, mas dessa forma a gente consegue trazer como um ponto de luz que precisamos no livro, porque não é um livro sobre saúde, porém a saúde está envolvida em tudo, é o sentido da vida, então a gente precisa mantê-la para seguir adiante, e é esse sentido de "o que eu estou fazendo aqui neste mundo, neste Universo?". É o começo de tudo, é por isso que a gente levanta todos os dias. Quem está em desequilíbrio, doente, perde essa noção. Perfeito, doutor, essa ficou, assim... excepcional. A última pergunta, fico até triste que está acabando, é: "A Carta de Ottawa seria um marco para uma nova consciência coletiva sobre a qualidade de vida do planeta?".

Eu acho que a Carta de Ottawa é uma iniciativa desconhecida pela população; ela precisa ser divulgada, pois gera um comprometimento de cada pessoa, de todas as profissões, cada cidadão, com a saúde. Mas existe outro elemento essencial, que é você conhecer e respeitar a natureza. Por exemplo, são as árvores, os rios, os oceanos, os animais, as populações que têm sabedoria sobre a natureza, como indígenas, por exemplo. É toda a valorização desse universo. A gente não pode ser simplesmente um predador da natureza, a gente precisa saber captar da natureza a mensagem divina, mas a humanidade está captando da natureza o sangue.

Nossa! A hora que se depararem com isso... É, por isso que parece um contínuo evoluir. Espera-se que os seres humanos que ainda não compreendem isso passem por um processo de transformação.
É, nós não temos outra solução para a sobrevivência do planeta e da humanidade, né?

E a Carta de Ottawa seria esse referencial, doutor, ou não?
Acho que não, acho que o referencial é multifacetado. Existe a Carta de Ottawa, existem os movimentos de respeito à natureza, de amparo às populações silvícolas, de amparo aos animais, o vegetarianismo, um milhão de outros detalhes que se referem à ação da natureza, que é a percepção da mensagem divina que existe nela.

Acredito que esse é o ponto. Perfeito. Incrível. A gente vai ter um material muito rico. Eu quis trazer pessoas que pudessem colaborar dentro das áreas que o livro explora com a sua percepção, o seu conhecimento naquele determinado assunto, é um discurso de autoridade bem valioso. E aí a gente inclui uma contribuição para as pessoas; esse é o objetivo principal do *Ser para ter*. Agradeço demais, doutor!
Obrigado! Estamos à disposição. Quero somar.

– PASSO 2 –

RELACIONAMENTOS SAUDÁVEIS

"O amor-próprio é a chave para a felicidade
e para criar uma vida plena e significativa.
Quando nos amamos, somos capazes de
amar os outros verdadeiramente."

LOUISE HAY

Somos seres imperfeitos lidando com outros seres imperfeitos, todos com seus tabus, preconceitos, crenças, dores, bloqueios e sombras. Aquela frase que diz "Nós só damos aquilo que temos" não poderia ser mais verdadeira. Mas aqui vou um pouco além: "Nós só damos aquilo que temos *na alma*". E isso acontece, na realidade, com todos os sentimentos que carregamos, até mesmo os medos. Meu pai, por exemplo, morria de medo de temporal, e toda vez que o céu se armava numa tempestade, ele logo advertia: "Cuidado com o temporal, se esconde debaixo da mesa".

Apesar de eu nunca ter tido medo de temporal, era aquilo que o meu pai me oferecia, pois era o que ele tinha para dar dentro do repertório que possuía. Além disso, aquela era a dor dele, expressada com quem ele amava. Por falar em amor, esse é ponto central do segundo passo para uma vida plena, pois é impossível falar em relacionamentos saudáveis sem amor. Contudo, já esclareço que não se trata de qualquer sentimento afetivo, mas sim do maior de todos, que nasce em nosso cerne e vem para nós mesmos, chamado amor-próprio, e que regerá todos os demais passos em direção à melhor forma de nos relacionarmos com o todo que somos.

Ame a si mesmo em primeiro lugar e, somente assim, poderá irradiar esse amor ao seu entorno por ressonância.

Existem muitas pessoas que não enxergam o amor-próprio com bons olhos, pois o consideram egoísta e narcisista. Essa visão é compreensível, uma vez que faz parte do sistema de crenças em que foram criadas. Ensinamentos que desencorajam a autoestima, os cuidados pessoais e a priorização de si mesmo foram transmitidos de geração para geração, perpetuando uma realidade na qual muitas pessoas vivem.

Agora, imagine deixar de se olhar no espelho, cuidar da sua aparência, vestir aquela roupa que o faz se sentir bem. E, pior ainda, imagine deixar palavras de desafeto, críticas e opiniões sem fundamento entrarem em sua mente, minando tudo o que você tem de bom em si mesmo. É crucial compreender que o amor-próprio é fundamental para a nossa saúde mental e o bem-estar geral, e que cuidar de nós mesmos é um ato de amor e respeito.

Tenho certeza de que você já deve ter sentido um desconforto só de ler essas palavras, que podem ter acessado alguma memória de ataque já sofrido, afinal elas causam dor, movem em nós aquilo que nos afasta do amor. Mas a boa notícia – na realidade, a mais importante de todas – é que o amor-próprio é a chave para cuidar de todos os outros amores.

O meu mentor e professor de constelação familiar certa vez disse: “No amor, tudo sempre dá certo, e se não deu certo é porque não houve amor”. E, de fato, é assim. O amor cria o ambiente para a realização de algo pleno. Por essa razão, quando buscamos a nossa plenitude na existência que temos, e necessariamente precisamos cuidar dos nossos relacionamentos para que se tornem saudáveis, a primeira instância pela qual temos que passar é o amor-próprio. Tudo começa por ele para que, enfim, tenhamos muito mais o que doar aos outros.

Geralmente, as pessoas que não exercitam o amor-próprio em suas vidas se colocam na torturante posição de autodepreciação. Em vez de se assemelharem a uma taça que transborda o melhor vinho, assumem o estado de copo meio vazio. O sentimento de vazio, por sua vez, faz com que essas pessoas desejem que o outro as satisfaça, e daí elas seguem delegando a sua felicidade, suas decisões e toda a sua vida para esse outro, que pode ser um pai, uma mãe, um filho, o cônjuge, o chefe ou os colaboradores. Essa dependência vai gerando o que chamamos de "mendigos emocionais", pois essas pessoas vivem na escassez, na falta e enxergam seus relacionamentos apenas pelo viés do déficit.

Quem nunca ouviu as famosas frases "Te amo mais que tudo", "Você é o amor da minha vida" e outras ainda mais exacerbadas? Será que essas pessoas têm conseguido se colocar no lugar de amor maior, de se relacionarem plenamente consigo mesmas primeiro, enxergando o que há de mais importante na própria vida, para então enxergar o outro? Com tanta dependência emocional que vemos no mundo, com relacionamentos despedaçados surgindo quase a todo instante, é bem provável que não. Mas sabe por que isso acontece? Porque as pessoas ainda não conseguiram perceber que a melhor maneira de se relacionar com o outro é se relacionando antes com o que está dentro, e não com o que está fora.

O amor maior primeiro precisa ser exercido consigo mesmo. Não se preocupe se parecer narcisismo, pois, como disse há pouco, na realidade nos fizeram acreditar que se amar é feio, errado, pecado. Mas preste muita atenção nisto porque a condução do seu autoconhecimento daqui em diante dependerá essencialmente deste passo: o cuidado tem que vir de dentro. Se você tiver feridas emocionais, exerça o autocuidado; do contrário, continuará buscando pessoas que despertam gatilhos traumáticos. Essa pessoa pode ser seu parceiro, sua namorada, seu marido ou um amigo que lhe servirá de espelho; ele ou ela será aquela sombra que você não gostaria de ver, o que é inevitável porque você a atraiu por ressonância no que carrega em seu próprio interior.

A maioria das pessoas só atrai o caos, a ansiedade, a melancolia, porque têm o caos, a ansiedade e a melancolia dentro delas. O ser humano é a expressão física das suas crenças. Portanto, precisamos observar quais são as nossas crenças para não arrastar nossas vidas para caminhos autodestrutivos, a começar pela falta de auto-observação. Quando nossa crença é maior que a nossa dor, provavelmente não haverá transformação alguma – no máximo, uma mudança rasa e de curto prazo –, pois logo os mesmos padrões e hábitos serão repetidos, levando a uma vida mediana. Essa ferramenta fundamental para a nossa evolução foi sendo lenta e gradualmente retirada de nossas mãos ao nos condicionarem a um treinamento voltado sempre para a autocobrança e a performance, uma busca exaustiva para atender a padrões de vida impostos pela sociedade, pelo sistema de ensino, pelos costumes.

Nessa avalanche toda do ambiente externo, como é possível nos enxergar e ouvir o que nosso corpo está dizendo? Certamente é uma tarefa árdua, mas não impossível. Por certo tempo na minha vida, costumava também ser assim. Antes de me aperfeiçoar no autoconhecimento, o relacionamento que eu tinha com o meu entorno passava por diversos conflitos. Sabe aquelas incompatibilidades, diferenças de pensamentos, que muitas vezes causam choques e discussões? Pois então, eu vivia impasses que giravam em torno das minhas tentativas de ajeitar as pessoas à minha volta.

Eu tentava ajeitar praticamente todo mundo, e nisso seguia olhando apenas para o lado de fora. Contudo, não percebia que antes de me preocupar com o meu entorno, eu tinha primeiro que me resolver comigo mesma, fazer uma reforma íntima, porque somente quando nos conhecemos somos capazes de conduzir melhor nossos passos diante da vida, e isso inclui nossos relacionamentos. A partir do que você faz, fala, comunica às pessoas que estão ao seu lado, uma neuroassociação – que é a associação que fazemos no nosso cérebro entre eventos externos e estados emocionais – é criada, e consequentemente um estímulo é passado para aquela pessoa.

Enquanto não compreendi que precisava literalmente me desconstruir – ou seja, me libertar de crenças, padrões repetitivos, estigmas e uma série de amarras que fui trazendo da bagagem que havia aprendido antes do meu processo de autoconhecimento –, a minha reconstrução como a Aline que vim ser nesta existência não acontecia. A cada tombo, eu procurava entender o que deveria fazer para transformar a minha realidade, e foi assim que encontrei o maravilhoso caminho de "desconstruir para reconstruir".

DESCONSTRUIR PARA RECONSTRUIR

Quando descobri que tudo o que aprendi, o que me ensinaram e o que me falaram não é fixo, o processo de desconstrução de crenças, pensamentos e comportamentos começou a acontecer. Esse processo de disruptura foi essencial para o meu crescimento e a minha evolução.

Basicamente, entender que não existem verdades absolutas e que tudo muda a todo instante – pois a realidade está sendo construída contínua e ininterruptamente – nos faz finalmente compreender por que daqui a pouco pode acontecer uma situação em nossas vidas que nos quebra as pernas. Contudo, essa mesma situação pode se mostrar também uma enorme oportunidade de evolução.

Pode parecer assustador pensar em desconstruir, porque a palavra em si carrega uma conotação negativa. Mas a nossa vida é dotada de polaridades, então não adianta repelir aquilo que foi feito para você evoluir. Quando compreendemos que é preciso formatar quem nós somos por meio da expansão da nossa consciência, para romper com tudo aquilo que nos impede de estabelecer o amor-próprio, o autocuidado e a auto-observação para enfim chegarmos ao próximo nível de nossas vidas, conseguimos até mesmo enxergar a beleza do caos no relacionamento. Afinal, não há crescimento sem a interação humana.

Na sabedoria infinita do Universo, fomos criados para evoluir por meio das relações com pessoas, situações, ambientes, e tudo isso é absolutamente complementar e necessário para a nossa jornada de autoconhecimento, que também pode ser resumida ao processo de desconstrução e reconstrução de quem nós somos.

Voltando à questão dos nossos sete corpos, nosso corpo astral ou emocional é considerado o nosso corpo das vibrações. E sabe qual é a única coisa que eleva nossa vibração na interação com os outros? O amor. Por isso são tão importantes o amor-próprio, a autogenerosidade, a autocompreensão, a autogentileza. Somos acostumados à autodepreciação, a pensar "Isso eu não fiz certo, falhei nisso, errei naquilo". Enquanto batemos nessa tecla, não alcançamos o amor-próprio.

Se ficarmos resistentes ao processo de expansão dos nossos níveis de consciência, nos manteremos sempre no raso da vida e sujeitos àquilo que não queremos, como é o caso dos relacionamentos tóxicos. Segundo a constelação familiar, por exemplo, herdamos de nossos antepassados – até sete gerações antes da nossa – os padrões de comportamento, o que por sua vez influencia toda a nossa vida. Isso quer dizer que uma bisavó ou mesmo uma trisavó submissa em minha árvore genealógica muito possivelmente influenciou o meu próprio padrão comportamental no âmbito dos relacionamentos.

Por ressonância, eu emanava o ato de subestimar, que era como eu me senti por muito tempo antes de passar pelo processo evolutivo. Os semelhantes se atraem, sim, mas como viemos a este Universo para evoluir – e não podemos fazer isso sozinhos –, as pessoas que atraímos serão aquelas que provocarão sentimentos que nos levarão ao caminho da evolução. Esse processo é tão importante e natural que aquelas pessoas mais reclusas e que se afeiçoam apenas por animais, por exemplo, dificilmente conseguirão evoluir na área do autoconhecimento.

Nós temos que viver em sociedade, junto de todas as pessoas e assim aprender constantemente com as diferenças, então não adianta se isolar. Muitas pessoas que subiram níveis de consciência têm essa importância bastante clara em suas mentes, como é o caso de David R. Hawkins. Há quem diga que é deste mundo, mas que não pertence a ele. Tudo bem, mas ainda assim essa pessoa vai ter que conviver com outras pessoas, e a arte de lidar uns com os outros é muito difícil, porém igualmente prazerosa, em especial com quem mora na mesma casa que a nossa.

Já parou para pensar que você nasceu na família em que deveria nascer justamente para evoluir neste mundo? De acordo com a doutrina kardecista, nascemos em famílias com as quais tivemos afinidade em vidas passadas, e isso nos permite trabalhar na ressignificação de situações vividas anteriormente. Segundo os praticantes da doutrina espírita, nós apenas esquecemos o que aconteceu nas vidas passadas, pois faz parte do processo de ressignificação. Um exemplo disso seria a relação entre mãe e filha, que numa vida anterior pode não ter acontecido, pois a mãe acabou passando por um aborto, mas, quando na sua vida seguinte ela consegue dar à luz, esse processo é o que chamam de ressignificação.

A PARENTALIDADE DA SUA CRIANÇA INTERIOR

Quando paramos para analisar a constelação sistêmica familiar – que basicamente relaciona nosso funcionamento à energia masculina do pai e à energia feminina da mãe –, é possível compreender quando há falta de energia de um dos dois lados, afinal nossos pais só nos deram o que eles tinham; e, mesmo nos casos em que um ou outro não seja conhecido, eles ainda assim nos deram a vida, e herdamos boa parte do que somos por meio da epigenética.

Desse modo, quando o desequilíbrio entre uma dessas forças é detectado, é preciso maternar e paternar a sua criança interior, o que consiste basicamente naquele movimento de dizer: "Está tudo bem. Eu te dou o que o papai e a mamãe não puderam te dar", mas essa atitude deve ser tomada sem pena, sem tristeza e sem raiva. A partir desse movimento, começamos a olhar para nossa criança, nosso adulto e todas as nossas partes – espiritual, mental e emocional –, e assim vamos deixando de nos reprimir e passamos a ressignificar as situações traumáticas.

O trauma não está no que acontece ou no que já aconteceu conosco, mas sim no significado que damos a esses eventos. Sim, muitas vezes passamos por situações terríveis, mas o que podemos fazer com elas? Como podemos ressignificar? Tudo aquilo que você não ressignificar na sua vida vai acabar se repetindo. Em outras palavras: lição não aprendida, lição repetida.

É por isso que na vida sempre passamos por situações que nos servem como aprendizado. Pessoas, situações e entorno virão para despertar gatilhos em você, trazendo à tona aquilo que você precisa encarar, e quando você o fizer, a dor será inevitável, mas para curar a dor é preciso olhar para ela. A vida é dolorida, porém o sofrimento é opcional.

Segundo a autora motivacional Louise Hay, ao mudarmos nossas crenças, nós curamos a nossa vida, e esse processo faz parte da nossa existência porque nós realmente viemos cheios de gatilhos. Por isso, costumo levar para a minha vida a recomendação "Orai e vigiai", para que padrões de comportamento ultrapassados e, principalmente, nocivos à minha saúde física, mental, emocional, espiritual e energética nunca mais sejam repetidos.

Aqui vale uma observação importante: jamais podemos excluir algo de nossa vida por meio da força, repelindo com palavras do tipo "Não quero ser subestimada!", pois aquilo que tememos gruda em nós. E sabe por que isso acontece? Porque essa é a chance que temos de ressignificar o que é preciso. Então, devemos olhar com carinho e amor para então transformar algo ruim e nocivo em algo bom e proveitoso.

Se queremos um mundo de paz, amor e tudo que há de melhor, temos que primeiro ver isso dentro de nós. É a nossa luz, não a nossa escuridão, que mais nos assusta. Em determinado momento, você quer dar passos para trás; enquanto o ser humano tiver medo da solidão, ele estará preso em sua própria programação mental, que tem colocado tapumes nos seus olhos para que não possa ver a realidade. Essa programação mental está fortemente associada ao seu subconsciente, que podemos entender como o território das emoções, mas nunca se esqueça de que quem determina os seus passos é a sua mente consciente, o que quer dizer que a qualquer momento só você, e mais ninguém, poderá ser protagonista da sua vida a partir do momento que decidir romper as amarras do medo.

Portanto, nós criamos a nossa realidade; somos os projetores dela. É por isso que a disrupção com o padrão de vida que não leva a lugar nenhum é tão fundamental; ela nos liberta da escravização a que fomos submetidos com a instalação de crenças, medos e tantas outras ferramentas criadas para nos retirar a capacidade de nos auto-observar, autocuidar e "autoamar".

Permita-se ser como você é para reconstruir o relacionamento consigo mesmo primeiro, e logo verá que todos os seus relacionamentos passarão a ser saudáveis pela própria lei da reciprocidade.

É importante lembrarmos que imperfeições fazem parte de quem somos como seres humanos. Ao reconhecermos nossas próprias imperfeições e as dos outros, podemos aprender a trabalhar juntos para superar desafios e encontrar soluções para os problemas. Isso requer uma abordagem empática e compreensiva, permitindo que nos coloquemos no lugar do outro e enxerguemos as coisas a partir de uma perspectiva diferente. À medida que aprendemos a lidar com as diferenças uns dos outros, podemos construir relacionamentos mais fortes e duradouros, com base na confiança, no respeito e na compaixão.

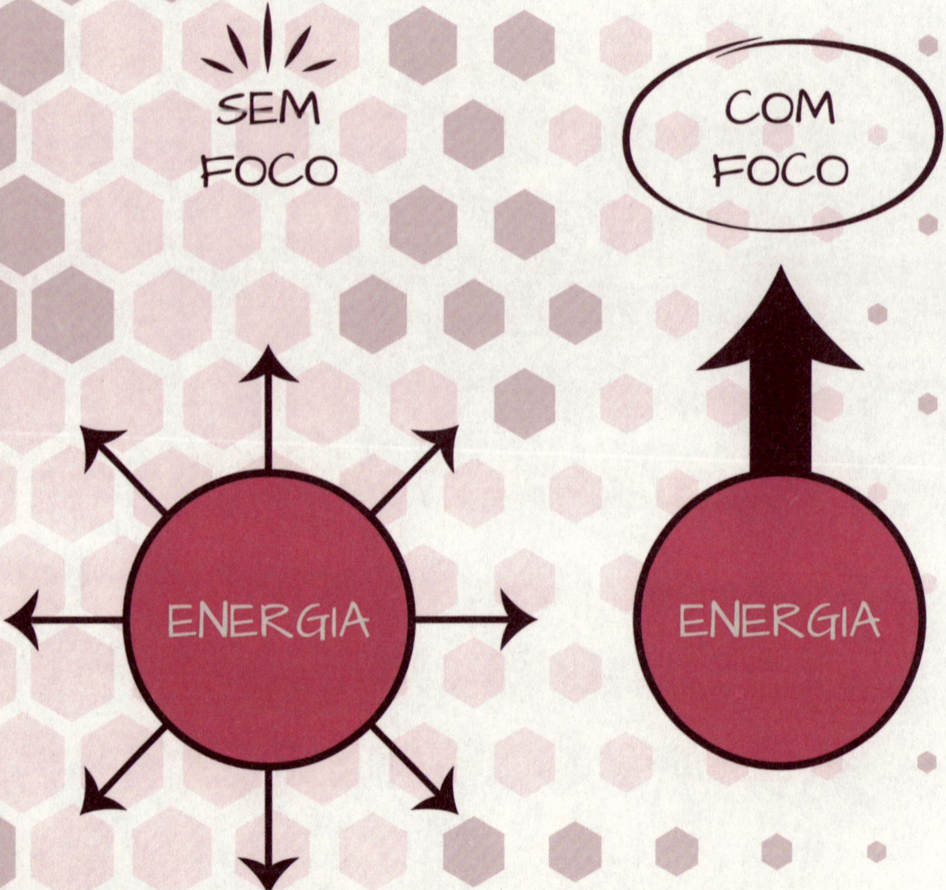
SEM
FOCO
COM
FOCO
ENERGIA
ENERGIA

– PASSO 3 –

SEJA CLARO E OBJETIVO

"Em todas as fases da sua vida,
você será aquilo que pensa e sente."

NAPOLEON HILL

Quem acha que está perdido é porque ainda não escolheu o que quer para si. Quando pessoas se aproximam de mim com essa queixa de ainda não terem se encontrado na vida, eu logo respondo que isso acontece porque elas não sabem o que querem. E apesar de sempre ter tido muita vontade, energia e disposição, até meus trinta anos eu também não costumava ser tão clara e objetiva com as pessoas como hoje.

Acredito que isso acontecia porque eu sequer era clara comigo mesma, com a Aline enquanto ser humano e profissional. Como eu não sabia ao certo o que queria, era como se qualquer caminho servisse, então eu apenas seguia vivendo no modo automático. Eram realmente outros tempos, em que eu ainda não havia entrado no mundo do autoconhecimento.

Quem tem tomado as decisões na sua vida: você ou as outras pessoas? Chega a ser chocante essa afirmação, mas há quem nunca de fato tenha decidido algo por conta própria na vida. A pessoa, mesmo chegando na fase adulta, nunca assume as escolhas sobre o que fazer, quais caminhos seguir, pois ao longo da vida todas as decisões que lhe diziam respeito foram sendo tomadas por um pai, uma mãe, um marido, uma namorada, os filhos.

Quando não assumimos as rédeas da nossa vida por não tomarmos decisões, vamos deixando de lado o protagonismo, o poder da autorrealização e a autorresponsabilidade. Além disso, quando operamos nossa vida de forma mecânica, sem autorreflexão, agimos por meio de um processo mental confuso, pois faltam clareza e objetividade em nosso raciocínio e em nossa intuição.

Aquelas pessoas que estão sentadas no sofá de casa sem saber qual rumo tomar na vida são as que ainda não conseguem exercitar a auto-observação e não decidiram experimentar o autoconhecimento, pois somente a partir dessa escolha é que elas serão capazes de compreender verdadeiramente o processo de expansão dos níveis de consciência, que é a resposta para a transformação do *ser* para *ter*.

A maioria das pessoas usa suas conexões neuronais de 20 até 1.000 Hertz (veja a Tabela 1, Escala de Hawkins, no Passo 1). Mas o que acontece se aumentarmos isso? Quando elevamos o nosso nível de consciência, nos expandimos, enxergamos além e saímos da limitação. Com isso, abrimos nosso campo de visão. Geralmente somos iguais a um cachorro que acabou de sair do veterinário com o colar elizabetano na cabeça, que o impede de ter a visão periférica. Contudo, é a expansão da consciência que nos permite ver tudo o que está à nossa volta, em cima, embaixo e nos lados, ou seja, passamos a ver aquele mundo de possibilidades que antes ficava oculto, e assim saímos da nossa limitação mental. O que a mente nunca viu ela desconhece e geralmente já descarta, mas precisamos aprender a ser mais inclusivos com o novo.

Veja um recém-nascido, por exemplo. Para o neném tudo é novo, e ele vai assimilando sem filtros o que vê, ouve, toca e sente, aprendendo com tantos estímulos e acumulando esse conhecimento. O bebê está descobrindo o mundo do zero e faz muito mais sinapses por minuto do que um adulto.

Outro exemplo dessa expansão de consciência é a analogia da ilha. Quando estamos em uma ilha, não conseguimos enxergá-la, podemos nem saber que estamos cercados de oceano por todos os lados. Apenas quando saímos da ilha temos a visão completa de onde estávamos, pois vemos a ilha em si. Quando lidamos com um problema, no meio do turbilhão, estamos confusos. Se você sair dali por um tempo, isso lhe permite olhar de outra perspectiva para aquela adversidade, o que facilita muito ter a clareza mental para encontrar a solução.

Costumamos ficar tempo demais nesse redemoinho e não buscar um escape necessário, principalmente quando não sabemos o que queremos para nós mesmos e mantemos o foco naquilo que não queremos. No entanto, uma vez que a energia segue o foco, o que acontece quando focamos somente os aspectos negativos, aquilo que não queremos? Exatamente aquilo que não queremos chegará para nós.

> Porque aquilo que temia me sobreveio;
> e o que receava me aconteceu.
>
> Jó 3:25

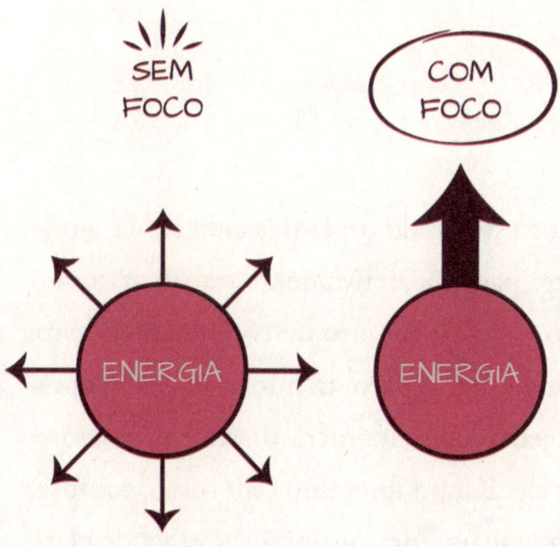

Para alcançar o que desejamos, é essencial mantermos o foco em nossos objetivos e estarmos completamente comprometidos com eles. Afinal, a energia flui para onde direcionamos nossa atenção e intenção. (Veja a figura ao lado.)

Como a maioria das pessoas ainda não têm aquela certeza íntima, intuitiva, do que querem para si mesmas, não agem com objetividade porque não têm essa clareza, e a vida se torna uma espiral de confusão. E quando isso acontece, devemos voltar para o núcleo, para a nossa fonte, onde sentimos a leveza para tomar as decisões certas.

Quando estamos confusos, não sabemos o que fazer, para onde ir, escolhemos uma coisa aqui, daqui a pouco já voltamos atrás na decisão, e ficamos presos nesse redemoinho. Mas como sempre digo: o importante não é o que falaram ou falam, mas sim o que você escolhe para si. Porque somos os donos do nosso próprio destino, somos os capitães de nossas almas. Portanto, não há motivo para hesitarmos. Estamos sozinhos e vamos assumir o controle.

A CIÊNCIA POR TRÁS DA MANIFESTAÇÃO DA NOSSA REALIDADE

> Tudo já existe no Universo. Tudo é energia e informação que está esperando você acessar.

Mesmo com mais de dez anos estudando e pesquisando sobre autoconhecimento, nos últimos três passei a efetivamente trabalhar com o tema. No início de 2022, veio o desejo intenso de escrever meu livro, mas não havia meio de a obra ganhar espaço na minha rotina. Com a falta de foco, sem clareza e objetividade, eu procrastinava e não desenvolvia nada de conteúdo para ele. Estava um tanto sem rumo, confusa. Só sabia que iria escrevê-lo, nada mais. Portanto, não estava sendo clara e objetiva quanto a esse desejo.

Então, em abril daquele ano, eu vi uma frase do Elon Musk, que dizia: "Se você falar que vai limpar uma casa em três meses, você levará três meses para limpar essa casa; se você disser para si mesmo que vai limpar em três horas, você vai limpar em três horas".

Essa frase fez cair uma ficha em mim. Pensei: "Nossa, não estou me dando prazos, estou deixando esse livro de lado, não estou sendo clara nem objetiva". Na época, eu fazia o curso de Mastermind®, inspirado em Napoleon Hill, no qual aprendi a importância de se colocar metas diárias, semanais, mensais, trimestrais, semestrais, anuais ou de até dois anos. Antes era comum definir metas para cinco anos à frente, mas agora é de no máximo dois, porque tudo está acontecendo muito rápido.

Daí comecei a colocar metas para este livro, ser clara e objetiva com meu trabalho. Em junho, decidi e anunciei: "Este mês vai acontecer muita coisa, vou avançar". Então comecei a planejar e executar todas as etapas; fiz "mais que minha obrigação", como diria Napoleon Hill. Eu me dediquei muito e comecei a escrever. Foi uma escolha minha, estava emanando meu desejo de lançar este livro, e tudo aconteceu de forma ágil.

Há um antigo ditado oriental que diz: "Quando o discípulo está pronto, o mestre aparece". Isso abre um leque de possibilidades ao indicar que devemos estar com a mente aberta para os sinais que a vida nos dá, e seguir a nossa intuição. E aqui também vale a pena citar as Sete Leis Herméticas, de Hermes Trismegisto. A primeira lei diz que tudo é mental, o Universo é mental; então, quando eu penso algo, vou sentir e vou emanar aquele algo. Isso está ligado à importância de expandir nossa consciência e do Mastermind, que é o conceito da mente mestra ou da aliança de mentes para a construção do sucesso, que Napoleon Hill nos traz.

Bebi de todas essas fontes nesse processo de autoconhecimento e foi muito enriquecedor, por isso hoje trago o mesmo para as pessoas. Pegava uma coisa do Napoleon Hill, outra do Joseph Murphy, outra da Louise Hay, além de mais pensadores; experimentava e via o que dava certo para mim. Quando ficamos bitolados numa única fonte, nos engessamos em vez de abrirmos nossa mente para ver o que faz sentido dentro da nossa própria individualidade. Inclusive, esses pensadores muitas vezes têm ideias semelhantes, mas as expressam de modos completamente diferentes, daí a importância de explorar diversos pensadores. Pode ser que você não entenda o argumento de um, mas aquele mesmo argumento pode ressoar na voz de outra pessoa e enfim fazer sentido.

Dessa maneira, vamos nos capacitando cada vez mais para o processo de manifestação da nossa realidade, que na verdade é a base de tudo o que construímos. Com o intuito de aprofundar um pouco mais esse tema, convidei minha professora e mentora Pilar Aznar, top mentora oficial do Bob Proctor, para falar sobre o processo de cocriação.

O PROCESSO DE COCRIAÇÃO

O processo de cocriação passa pelo autoconhecimento, com o bom uso das ferramentas que estão na nossa mente consciente e no subconsciente. Nós estamos cocriando sempre, saibamos disso ou não. Cocriação é um processo que todos podemos aprender a fazer da maneira correta.

Mas como é possível fazer isso? Nós, seres humanos, vivemos neste mundo em três níveis simultaneamente: 1. nível espiritual, que consiste na nossa "energia"; 2. nível mental, que se refere à nossa programação mental ou às nossas crenças; e 3. nível físico, no qual se concentram as nossas ações e realizações.

A seguir, acompanhe a descrição do funcionamento de cada um desses níveis.

1. **NÍVEL ESPIRITUAL**: é onde reside a nossa energia, que por sua vez se expressa neste mundo por meio de nós em sintonia com as leis universais e as leis da física. Flui para nossa mente e se expressa por meio dela. Nós somos espírito, e o nos-

so DNA espiritual é perfeito, o nosso ser é perfeito. A energia espiritual está sempre fluindo enquanto estamos neste mundo, e nós decidimos como ela vai se expressar: no positivo, criando vida e prosperidade, ou no negativo, criando destruição e ruína.

2. **NÍVEL MENTAL**: é onde escolhemos o que queremos criar. Nós damos forma a essa energia definindo nossos objetivos e desejos na vida. A partir daí construímos ideias, projetos e objetivos. Nesse nível, nós pensamos e decidimos o que queremos realizar e como queremos viver. Aqui residem nossas ferramentas mentais e nossas programações mentais ou paradigmas; é também onde temos duas grandes áreas: uma que chamamos de consciente e outra que chamamos de subconsciente.

Diagrama do Homem Palito

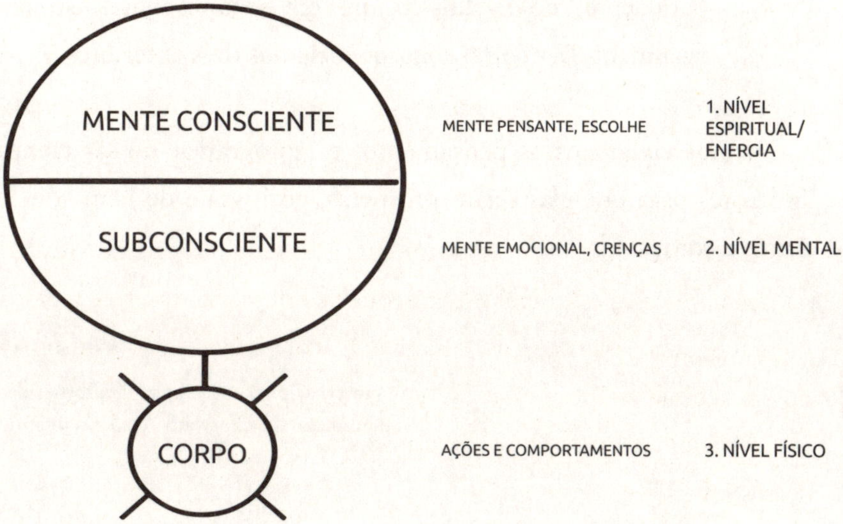

Esse é um desenho que nos representa como mente e corpo. Pela nossa mente, entramos em contato com o nosso espírito/energia e damos-lhe forma por meio de pensamentos e emoções. Neste ponto, devemos compreender perfeitamente como a nossa mente funciona e como usá-la da maneira correta para dar forma à energia através do nosso nível consciente, agindo com pensamentos produtivos e gerando emoções positivas e de elevada frequência, bem como evitando dar forma a essa energia por meio das nossas crenças limitantes, que produzem emoções negativas. Escolhemos nossos pensamentos na mente consciente.

3. **NÍVEL FÍSICO**: quando escolhemos nossos pensamentos e acreditamos neles, conseguimos pensar corretamente e, assim, construir nossas vidas de maneira próspera. Nós nos tornamos a expressão do nosso ser. Desse modo, conseguimos *ser* para depois, no nível físico, *fazer* em sintonia com nosso ser e, finalmente, *ter* como consequência dos dois anteriores.

Vamos vigiar nossos pensamentos e reprogramar nossas crenças limitantes para que elas sejam prósperas, positivas e de bem com os outros e com a vida.

Pilar Aznar

Mentora internacional em *mindset* de prosperidade
e fundadora do Forward Academy Institute

A FLEXIBILIDADE É ALIADA DA CLAREZA E DA OBJETIVIDADE

Ser claro e objetivo também envolve a capacidade de ser flexível, pois como bem disse o filósofo Heráclito de Éfeso: "Nenhum homem pode banhar-se duas vezes no mesmo rio, pois na segunda vez o rio já não é o mesmo, tampouco o homem". Em outras palavras, o que estou escolhendo clara e objetivamente hoje pode ser que em algum tempo já não faça mais sentido para mim, então vou lá e faço uma escolha diferente, e está tudo certo.

Não há necessariamente problema em voltar atrás, em rever as próprias decisões. É cientificamente comprovado que a cada noventa dias nossas células se renovam, então dentro de três meses, eu, Aline, e você, leitor ou leitora, estaremos biologicamente diferentes. Com isso pensaremos: "Nossa, escolhi isso para mim e agora gostaria tanto de voltar atrás e mudar". Sentimos um desconforto com esse tipo de postura, com a incerteza, porém é um comportamento natural.

O Universo é um fluxo, é movimento sempre, por isso repensar e voltar atrás muitas vezes pode ser o melhor caminho, contanto que sejamos claros e objetivos conosco.

Muitos líderes gostam de falar com tanta ênfase que não deve existir plano B, apenas o plano A, que plano B é uma falta de compromisso com o plano original, como uma espécie de fraqueza anunciada, mas sabe aquela história da receita do bolo de amendoim, que diz que "comer bolo de amendoim é ótimo, faz muito bem para corpo e mente, então coma bolo de amendoim três vezes ao dia"?

Toda essa ladainha não passa de fórmula mágica, que nunca é benéfica, pois não há apenas um caminho para o sucesso. Pensar assim nos limita. Para mim, o plano A deve ser: estou aqui e quero chegar ali. Mas para chegar nesse ponto almejado, há vários trajetos possíveis.

Por exemplo, quando vou para Passo Fundo fazer meus cursos, posso ir de ônibus, de carona, dirigindo, de bicicleta ou a pé. Mas vou chegar ao meu plano A. Às vezes as pessoas confundem isso; querem ser claras e objetivas, mas acabam se limitando a apenas um modo de alcançar uma meta ou um destino.

Sou uma pesquisadora, uma buscadora, uma questionadora. Sou também uma cozinheira apaixonada, então sou habituada a experimentar. Às vezes pessoas me perguntam: "Por que para você tudo é tão rápido?". Respondo que estou sempre escolhendo, sendo clara e objetiva comigo mesma e com os outros, porque cuido da saúde; porque observo, sinto e crio; porque uso os 12 passos em minha vida.

Na minha vida, as coisas evoluem hoje com mais rapidez porque atuo de maneira clara e objetiva, sei o que quero, mas até chegar nesse estágio houve um longo tempo de amadurecimento, de entendimento de quem sou e qual é o meu propósito de vida. Quando, enfim, escolhi ser clara e objetiva comigo mesma, passei a emanar essa onda de vibração, essa energia, e tudo fluiu.

Para finalizar este passo, convido você a realizar um exercício diário que envolve colocar no papel, ao acordar, o seguinte tema: "O que eu quero para mim hoje?".

Escreva e desenvolva de modo claro e objetivo, em poucas linhas. Assim, você poderá acessar todos os dias aquelas pequenas metas, poderá senti-las, emaná-las, e daqui a pouco aquilo que está no papel virá para você por meio de pessoas, situações e até frequências. Deixe seu espírito se expressar, mas para isso saia um pouco do seu ego e se conecte com a sua essência, a sua centelha divina, que é a manifestação do Criador em nós.

Porém, para completar esse exercício, é importante não se preocupar com aquilo que ainda não aconteceu. A preocupação está essencialmente ligada a algo que não existe. Por exemplo, estou guiando um carro por uma rodovia cheia de buracos e com o estepe murcho. A possibilidade de o pneu furar e não termos um reserva para colocar no lugar nos preocupa, mas aquilo não aconteceu. Existe uma "probabilidade" de furar o pneu. Caso isso se concretize, não teremos uma preocupação, mas sim um problema. E problema nós resolvemos; paramos o carro, trocamos pelo estepe arriado, rodamos devagar e com cuidado até a próxima borracharia para substituir por um pneu novo.

A preocupação excessiva é aquela que nos gera ansiedade e temor por um problema com baixa probabilidade de acontecer, e ela nos impede de sermos claros e objetivos. A preocupação no sentido de cautela – para evitar situações perigosas, por exemplo – é necessária, mas não devemos deixar que ela nos domine. Probabilidade é diferente de possibilidade; precisamos ter sempre isso em mente de modo a nortear nossas ações e dosar nossas preocupações para não perdermos o foco e o direcionamento da nossa energia, para a realização daquilo que queremos.

– PASSO 4 –

OBSERVE, SINTA E CRIE

"Tenha a coragem de seguir seu coração e sua intuição. De alguma forma, eles sabem o que você realmente deseja se tornar."

STEVE JOBS

No mundo em que vivemos, cada vez mais rápido e desconectado, mesmo no momento mais tecnológico desta era digital em que estamos, as pessoas não costumam observar. Não observam a si nem o entorno. As suas próprias atitudes, assim como as daqueles que as cercam, estão cada vez mais automáticas, carentes de observação, sentimento, emoção.

Contudo, o processo de toda cura começa pela auto-observação, ou seja, para que você realize a autocura, é preciso primeiro observar a si próprio. Como anda a sua vida? Ainda no piloto automático, soterrada com as suas cobranças excessivas da rotina diária? Qual é o momento que você observa seus sentimentos? Como estão suas emoções e o que o seu corpo está dizendo para você?

Acredito que 90% do meu trabalho tenham sido desenvolvidos a partir de coisas que observei e deixei meu corpo sentir. Nosso corpo é muito inteligente e rápido, mais precisamente cerca de quarenta vezes mais rápido de acordo com a visão sistêmica. Muitas vezes não sabemos distinguir nossa mente racional do nosso corpo e, de fato, não existe uma separação clara. Mas neste livro trago a você a importância de fazer essa distinção entre o que cada um faz e qual devemos ouvir.

Nosso corpo é mais sábio, está sempre à frente, antecedendo algo que vai nos acontecer. Quando você fala "Nossa, estou sentindo um nó no peito, uma sensação estranha", aquilo que você nunca sentiu antes, isto é o seu corpo emitindo um alerta que você deve estar atento para ouvir. É o contrário do nosso racional, que atua de forma fria, sem essa conexão com nossa fonte que alguns chamam de consciência única, inteligência suprema, ou mesmo Deus.

Para chegar ao ponto de ser para ter, foi exatamente esse o processo de construção pelo qual passei, que se iniciou com a auto-observação a partir da minha escolha de ingressar no caminho do autoconhecimento, e seguiu com a identificação do que eu sentia no meu corpo, pois toda vez que o permitimos que ele se expresse, somos capazes de criar.

Costumo fazer vídeos com áudios de reflexões minhas que gravo quando o sentimento bate, pois assim posso conservar o momento. Mas aquele *insight* vem e quero botar logo para fora, porque senão daqui a pouco já o esqueci. Esse é o sentir que tanto cultivo e valorizo. Por isso, sempre começo observando meu corpo e permitindo que ele sinta, para então criar, no caso, um áudio que possa registrar aquele momento de inspiração.

Muitas vezes, o sentir é confundido com o visualizar, mas ambos são diferentes. As pessoas usam muito o processo de visualização – "Vou visualizar meu carro, meu dinheiro, meu sucesso" – e, em seguida, ficam procurando, esperando que aquilo se materialize como se fosse cair do céu. Mas a visualização é apenas um dos processos. Primeiro você escolhe, depois visualiza, e daí você aumenta seu nível de vibração, porque aquilo só poderá se manifestar se o seu nível de consciência estiver elevado, conforme descrito na escala das emoções de David Hawkins (veja Passo 1).

A razão escolhe, mas é o sentimento que cria, e não a visualização. Por isso muitas pessoas dizem que esse método não dá certo; elas o executam de forma equivocada ao não se atentarem para o poder da intuição. Steve Jobs, por exemplo, no início da carreira, expressou o que queria, expôs seu ousado objetivo profissional, e então riram dele, disseram que aquele desejo era impossível. Mas ele se negou a aceitar aquele bloqueio que vinha dos outros. A partir de um equilíbrio entre a intuição, o racional e as escolhas, ele fez acontecer.

Em 2021, quando fiz uma palestra na PUC-RS, estudei muito a trajetória do Steve Jobs e me deparei com a frase que inicia este capítulo. Ela grudou em minha mente, fez todo o sentido para mim, e eu quis associá-la diretamente a este passo. Minha primeira reação ao ler a frase foi: "Como pode um homem desse, tão focado em negócios, em números e resultados, falar em intuição?". Muitas vezes, esse tipo de conversa gera desconfiança nos outros, pelo fato de a intuição ser algo abstrato e subjetivo, mas também porque o homem é muito racional. Ele precisa de dados, de coisas tangíveis. Afinal, não posso acreditar naquilo que não vejo, certo? Por outro lado, a fé vai na contramão desse raciocínio, é algo que está além dos seus cinco sentidos, está diretamente ligada à intuição e ao sentimento.

Uma distinção importante é que várias pessoas usam a imaginação achando que estão exercitando a intuição. Mas qual é a diferença entre elas? Muitas vezes, é minha mente racional imaginando determinado cenário, e não minha intuição. A intuição é quando você está conectado com a fonte, que, como mencionei a pouco, pode ser chamada de consciência única, Cosmos ou mesmo Deus, e isso independe de religião. Quanto menos crenças e mais fé você tiver, e mais limpo estiver o seu canal energético, mais você será capaz de ouvir as vozes da sua intuição. Na constelação familiar, por exemplo, acredita-se que a intuição são seus antepassados falando com você.

Quando você ouve apenas a imaginação, que muitas vezes obedece à razão, o resultado pode não ser o esperado, e você pode achar que não funcionou porque seguiu a intuição. Por isso é fundamental entender essa diferença. Não sou a favor dos extremos. Sabe aquela história do ser oito ou oitenta? Corro disso, pois tudo na vida se concentra no caminho do meio. Tentar ser 100% racional ou viver 100% pela intuição representa uma grande descompensação. A constância e o equilíbrio são muito importantes. Todos nos equivocamos, cometemos erros na busca por esse equilíbrio, e quando passei a entender melhor os métodos dos autores que estudei, como Peter Levine, Neville Goddard, James Allen e tantos outros que deram certo, fui encontrando meu caminho. Portanto, pesquise, estude e questione sempre.

Tudo na minha vida foi construído. Não é algo rápido nem imediatista, e o primeiro passo é o processo de observação que por sua vez dará espaço para um sentimento que, devidamente abrigado em nosso corpo, despertará a nossa criação.

Em janeiro de 2022, enquanto estudava a escola do Novo Pensamento, me veio de repente à mente a frase "Ser para ter". Foi inusitado, pois na minha vida sempre fui na contramão, sempre quis ter primeiro para então ser alguém. Sempre buscava o lado de fora. E o resultado sempre era um circo de horrores. Até que durante um dos meus momentos de conexão com meus sentimentos, cozinhando em casa, me veio como num estalo o ser para ter sobre o qual já havia lido, mas até então não tinha decodificado como o faço agora neste livro.

Se você quiser ter mais paciência na vida, por exemplo, sua tendência natural é "buscar" a paciência, mas primeiro você precisa ser a paciência, sentindo-a realmente em seu corpo. Quando você pede e deseja isso, o Universo envia pessoas e situações para o testar, e com isso você tem a chance de se curar, de ressignificar. Podem ser diversas oportunidades, mas é preciso saber identificá-las, por isso o processo de observação deve ser sempre cultivado.

Quando entendemos que estamos conectados com o todo, e essa conexão é fonte de criação, infinitas possibilidades passam a se abrir em nossa vida, tanto que o Universo, que carrega em si a energia cósmica, sempre nos traz aquilo de que precisamos para prosseguir em nosso caminho evolutivo e criativo.

Essa energia do todo, hoje cada vez mais difundida pela física quântica, que até certo tempo atrás era um assunto pouco discutido, acaba sendo direcionada para que a nossa vida funcione de uma maneira totalmente nova e milagrosa quando nos abrimos para o autoconhecimento. Ao falar sobre a essência, Joseph Murphy afirma que há um poder místico dentro de nós, o qual chamo de energia cósmica, que nada mais é do que uma energia poderosa o suficiente para transformar por completo sua vida nos níveis espiritual, mental, financeiro e social, levando-o pelo caminho da felicidade, da liberdade e da paz de espírito. Esse poder místico está latente dentro de você; por isso, quando o descobrir e começar a usá-lo, a resolução de problemas em sua vida será algo descomplicado; além disso, você encontrará seu verdadeiro lugar no mundo e começará a levar uma vida mais abundante.

CONECTE-SE COM A SUA ESSÊNCIA

Certas vezes fiz planos e estive prestes a fechar acordos, mas na hora senti um inexplicável desconforto. Sabe quando você toma uma decisão objetiva, mas depois se vê triste (ou com vontade de seguir outro rumo) e pensa "Nossa, como eu saio daqui agora"? Fiz muitas parcerias profissionais das quais me arrependi depois. Passado um tempo, muitas coisas não fazem mais sentido para nós, e por isso é importante ouvir nossa intuição no momento.

A meditação pode ser muito útil para ajudar a diferenciar a mente racional da intuição. Dedicar uns cinco ou dez minutinhos por dia, sentar-se em uma posição confortável, de coluna ereta, sem barulho, sem TV, sem celular, e ficar quieto, de olhos fechados, em sintonia consigo e com sua respiração. Nós usamos em excesso os ruídos de fora. Eu costumava chegar em casa e acender todas as luzes e ligar a TV. Parece que ficamos desconfortáveis com o silêncio. Mas quando você se dá essa chance, experimenta esse tempo consigo mesmo, pode se conectar com sua essência e ganhar novas percepções. Pode ser que esses *insights* nem aconteçam, mas você vai sair diferente dessa meditação, dessa reflexão, dessa introspecção. Convido todos a fazerem isso. O racional não cria bulhufas, mas o corpo sente que algo foi liberado ali.

Não pense que minha rotina é acordar às quatro da manhã, tomar suco verde e ficar horas meditando. Não tenho disposição para acordar tão cedo, e minha meditação diária vai de oito a dez minutos. Sou muito executora, faço inúmeras tarefas distribuídas entre casa, família, negócios e estudos. Então a palavra de ordem é *otimização* do tempo.

Como uma das muitas formas de realizar a conexão comigo mesma para buscar cada vez mais autoconhecimento, comecei a praticar meditação guiada; depois passei a ficar apenas quietinha na sacada do meu apartamento, sentada no chão, em posição de lótus. No início, não entendia nada, mas sentia meu corpo liberar algo. Meu racional ficava brigando: "Que negócio é esse? Que perda de tempo! O que você está fazendo?". Mas perseverei na prática e não desisti de silenciar para me auto-observar e então sentir meu corpo.

Embora a meditação não precise ser feita no Himalaia, com toques indianos ou nepaleses, ou exigir um profundo conhecimento teórico e prático, ela deve se encaixar na nossa rotina. Por isso, fui aprendendo do que gostava e o que funcionava melhor para mim, como ouvir uma frequência de 472 Hertz antes de dormir para exercitar a reprogramação da minha mente.

Quando entendemos que não é o caminho
da esquerda nem da direita, mas sim
o caminho do meio, as pequenas ações
que fazemos no dia a dia nos ensinam
a nos observar, a sentir e a criar, e isso
já nos dá um resultado gigantesco.

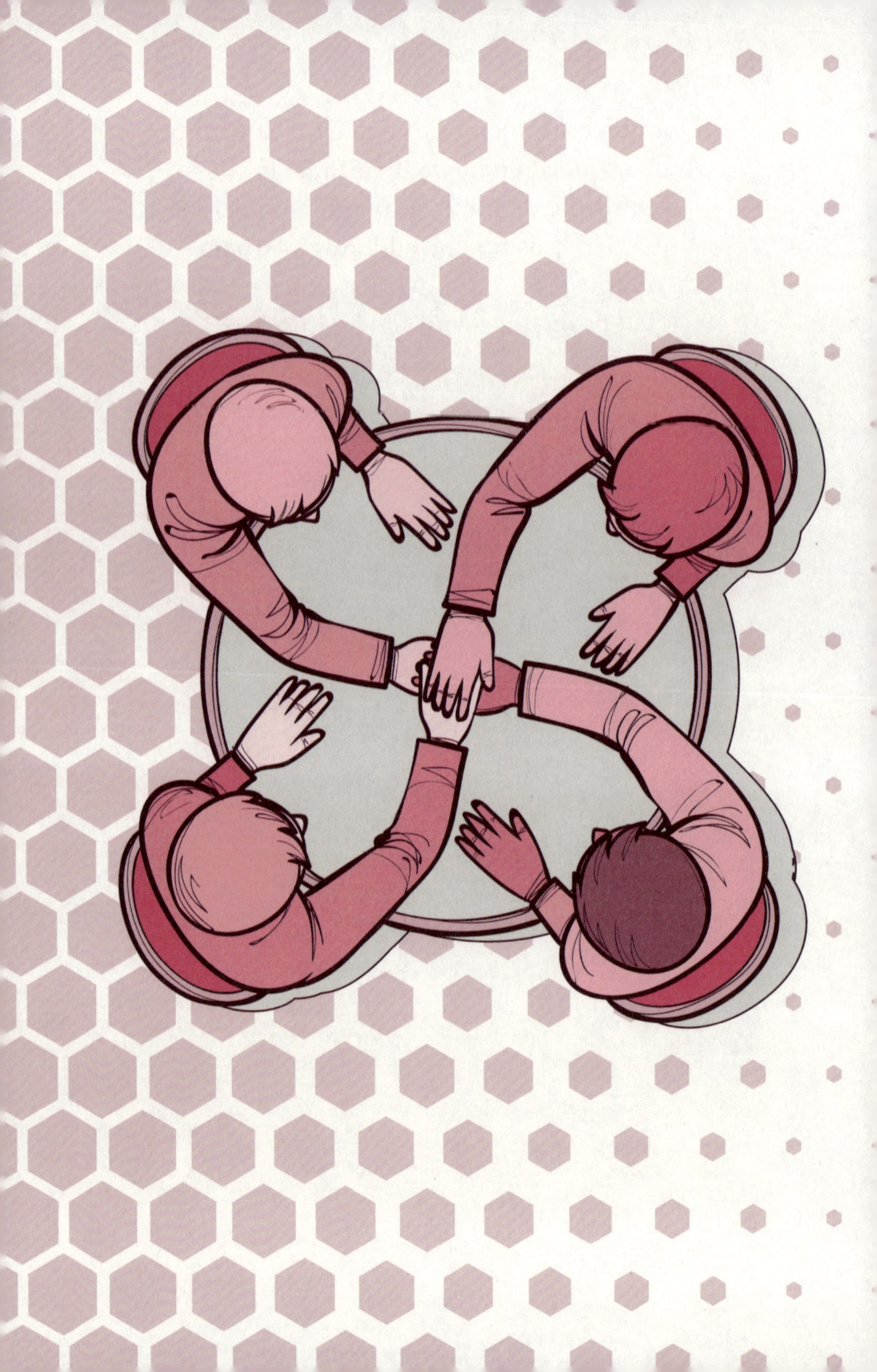

– PASSO 5 –

COOPERAÇÃO E PARCERIAS

"Cooperação é a convicção absoluta de que ninguém
pode chegar lá, a menos que todos cheguem."

VIRGINIA BURDEN

Assim como os demais passos deste livro, eu já realizava a cooperação e parcerias de forma empírica na minha vida antes mesmo de me especializar no autoconhecimento, afinal ninguém chega a lugar algum sozinho. Nós precisamos uns dos outros, pois somos naturalmente entrelaçados, ou seja, estamos todos conectados do ponto de vista quântico, e assim é desde a formação do mundo.

Embora a colaboração e as parcerias sejam frequentemente vistas como qualidades que precisamos desenvolver atualmente, ambas são importantes desde que o homem passou a se organizar em sociedades caçadoras e coletoras, há mais de dez mil anos, no período Paleolítico. Naquela época, a colaboração humana entre caçadores e coletores (ou recoletores) representou o primeiro modo de subsistência da nossa espécie. Eles perceberam que não poderiam depender apenas da caça, mas da união entre a carne de caça e a coleta de plantas silvestres para sobreviver em conjunto. Charles Darwin, célebre biólogo e autor da obra *A origem das espécies*, também afirma que: "Na história da humanidade (e dos animais também) aqueles que aprenderam a colaborar e improvisar foram os que prevaleceram".

Com esse exemplo, podemos dizer que a colaboração está na essência do que é ser humano. Não colaboramos apenas porque é benigno ou porque, como diz o ditado, "a união faz a força", mas o fazemos porque, evolutivamente, é um traço característico que garantiu a própria sobrevivência e evolução da nossa espécie. Não tivesse o antigo *Homo sapiens* colaborado entre iguais, formando grupos, aldeias e cidades, não teríamos conquistado o progresso da evolução. E o que não fundamenta mais uma moderna cidade além da colaboração de seus concidadãos?

Se por um lado a colaboração nos faz crescer e prosperar como humanidade, o egoísmo incitado pela competição faz com que uma pessoa muitas vezes seja capaz de passar por cima de outra para conquistar território, quebrando assim todas as regras e buscando não entender as leis universais, sistêmicas e espirituais; uma vez abraçada à ignorância, ela não parará o que estiver fazendo até obter o que quer.

> Quando a massa crítica finalmente entender que todos somos um, passaremos a experimentar uma nova realidade.

Podemos dizer que há vários níveis de colaboração e que acessamos cada um deles tanto na nossa esfera particular e privada – a família – quanto na esfera social – a sociedade em si –, além do ambiente de trabalho. Cada um desses níveis pode exigir uma forma específica de relacionamento colaborativo.

De fato, o processo de cooperação e parcerias começa em casa, com a nossa família, e se estende para comunidade, trabalho, estado, país, mundo, planeta. A tecnologia avançou tanto, e a humanidade ficou para trás.

Na esfera particular, a família, temos que lembrar que por vezes somos provedores, outras vezes beneficiários, e em outros momentos os dois ao mesmo tempo. Por conta desse caráter misto, que varia de acordo com cada fase da nossa vida, a colaboração acontece tanto no universo físico quanto no psicológico e afetivo. No casamento, sobretudo enquanto o casal ainda não tem filhos, a colaboração é ainda mais íntima e afetiva, por isso é essencial que haja comunicação entre os dois. Se ambos não compartilharem os mesmos planos com clareza, o caminho da colaboração será tortuoso e poderá levar à desunião. A comunicação também é essencial para que o nível de colaboração dos dois, no relacionamento, seja igualitário, para que não haja sufoco ou excesso de peso para apenas um lado.

Na esfera social, como o trabalho, por exemplo, colaborar é essencial para o crescimento pessoal e do grupo do qual se faz parte, ou seja, a função na empresa. Ao colaborar, a pessoa aprende a desenvolver capacidades de empatia (isto é, ela tem que se colocar no lugar do outro para que esse relacionamento seja produtivo), humildade, flexibilidade, responsabilidade compartilhada, respeito e predisposição para atuar de acordo com o objetivo comum.

A frase "Se todos estão avançando juntos, o sucesso se encarrega de si mesmo", dita por Henry Ford, sintetiza bem o objetivo da colaboração no trabalho: sucesso compartilhado. Progresso. Colaborar é progredir, é ir mais longe porque outras pessoas também estão ao seu lado. Um dos aspectos mais significativos do ambiente de trabalho é o quanto podemos aprender para sanar nossos próprios pontos negativos. Tendo outras pessoas ao redor com o mesmo objetivo, fica mais fácil enxergar o que precisamos melhorar e como dar os próximos passos.

Colaborar é um jogo de ganha-ganha; avançamos enquanto organismo em grupo e enquanto indivíduos em processo de evolução.

Contudo, a maioria das pessoas não quer entender mais sobre o processo de cooperação; prefere continuar presa em hábitos viciosos, como falar mal dos outros, furar a fila, formar intrigas. Elogiar o outro é um aspecto muito difícil também; as pessoas conseguem ter compaixão pela dor do outro, mas quando esse outro está bem, isso causa raiva e inveja.

Acontece que quando começarmos a aplaudir o outro, chegará o dia em que será a nossa vez de sermos aplaudidos.

O ambiente também interfere na colaboração. Um espaço caótico, ameaçador, com desconfianças entre os presentes, onde não haja ética e bons valores morais, dificilmente será propício à contribuição mútua. Ao contrário, esses locais não acolhedores apenas contribuem para a discórdia e mentiras entre as pessoas. Ninguém consegue colaborar se não se sentir à vontade e valorizado para isso.

Contribuir, em qualquer atividade, envolve entrega, exposição física e psicológica. Por isso, para que a cooperação aconteça de forma natural, ética e benéfica a todos os envolvidos, é preciso um ambiente seguro, confortável e acolhedor. Criar um espaço protegido e agradável aos colaboradores faz com que eles se sintam à vontade para trocar ideias, expor opiniões e críticas construtivas, e assim construir em conjunto estratégias e propostas de ação. Colaborar também é se envolver; de fato, quanto mais colaboramos, mais mergulhamos no projeto em comum, por isso a necessidade de construção de um ambiente propício.

Na relação de cooperação e parcerias, nós passamos a contribuir com o outro num exercício de empatia e gratidão. Contudo, ambas as práticas parecem ter sido deturpadas nos últimos tempos, pois é fácil falar em empatia com aquele mais necessitado, mas aquela pessoa que está bem e vivendo no auge tende a receber uma atitude reativa de quem está a sua volta, como se ainda estivéssemos nos primórdios da civilização defendendo território, e não vivendo em uma sociedade avançada em pleno século XXI.

Quando a gente voltar a entender a parte do "somos todos um e estamos todos conectados", veremos que somos a centelha, que é a verdadeira responsável pela cooperação, ainda que exista o ego, que é a parte que se preocupa com o território.

Para saber se o que está operando em determinado momento é a centelha ou o ego, é preciso sentir em seu íntimo, separando o que é simulação e fantasia do ego encenando a nossa vida e o que é expressão verdadeira da centelha divina, o nosso espírito, a nossa essência. A centelha se expressa de uma maneira saudável. Esse é o seu verdadeiro Eu.

No entanto, as pessoas ainda inventam desculpas para dizer que estão certas, e não há certo ou errado, mas sim as leis universais, sistêmicas, espirituais, então não adianta fingir não ver isso agora. Boa parte das pessoas de grandes negócios não mergulham muito nisso, porque passam por cima de qualquer coisa para obter sucesso. Funciona basicamente assim: se eu vir que o que eu tenho feito não está de acordo com todas essas leis, eu vou ter que mudar, então prefiro nem ver para não ter que mudar, pois quero continuar do jeito que estou.

Esse é o pensamento dos tratores que passam atropelando tudo pela vida. Um exemplo disso consiste em obter vantagem de maneira desonesta. A pessoa que tem essa prática acredita num primeiro momento que está ganhando em cima do outro, mas uma hora aquilo retornará para ela de maneira negativa; por exemplo, portas de *networking* se fechando. Isso é uma mediocridade.

Neste momento, convido você a repensar o que é preciso. O que será que você está fazendo agora que pode ser ressignificado?

Às vezes, as pessoas fazem coisas pensando que é justo tirar proveito de uma situação ou de alguém, por no momento estarem em uma situação desfavorecida e o outro estar em uma situação melhor. Mas isso é distorcer a realidade e tirar a responsabilidade de si de buscar aquilo que é interesse próprio, tendo uma mentalidade, por exemplo, que vê um governo roubando e se sentindo no direito de também roubar, ou vendo um vizinho fazendo coisa ilícita e então também fazer, pela certeza da impunidade.

Nesse ponto, vale ressaltar também que por vezes carregamos o nosso ego, pois isso faz parte de sermos humanos. Mas temos que lembrar que ele deve ser nosso aliado, não inimigo ou concorrente. Devemos fazer as pazes com nosso ego, dar-lhe a mão, para que ele nos acompanhe não gerando discórdia ou orgulho que possam nos levar a uma distorção da realidade, mas nos auxiliando na dianteira da criatividade, da inovação, no "pensar fora da caixa" ao propor novas ideias. E, claro, ao ouvir propostas interessantes para o propósito da colaboração, devemos amansar nosso ego, admitir que o bem comum é mais importante que o individual e acolher a proposta alheia. Trata-se de outro olhar que precisamos começar a ensinar aos nossos filhos. Precisamos também ser proativos, pensando no que podemos fazer por outra pessoa e como podemos agregar valor.

Este passo é realmente básico, mas poucos fazem isso. Cooperar envolve cuidar das suas ações, estabelecendo bons relacionamentos em cada parceria para sempre deixar as portas abertas. Afinal, você não verá uma única vez aquela pessoa. Quem sabe daqui a cinco, dez ou quinze anos você a reencontre? E quando esse momento chegar, você poderá dizer que causou uma boa impressão? Deixou as portas abertas? O principal não é o que você fala de si mesmo, mas sim o que estão falando de você.

Portanto, preste atenção na lei do equilíbrio, que diz respeito às relações de troca entre dar e receber. Quando eu auxilio o próximo, alguém também vai me auxiliar. Mas essa ação tem que ser realizada de uma forma genuína. Além disso, o que acontece se eu faço algo de ruim para alguém? Pode demorar um tempo, mas aquilo vai retornar para mim de alguma forma, assim como determina a lei da semeadura e da colheita. Nessa lei, nós colhemos tudo aquilo que plantamos, sejam boas ou más ações, por isso ninguém pode se vitimizar pelos resultados que anda obtendo na vida, pois tudo tem uma explicação sistêmica ou universal de ambas as partes.

E por falar em semeadura, finalizo este passo com um exemplo pessoal do que considero o ponto de partida do princípio de cooperação e parcerias: nossa família. O ato de colaborar e ser parceiro começa dentro de casa. Lembro que todos nós de casa nos reuníamos em colaboração para ajudar na colheita de soja do nosso pai. À frente ia meu pai com a colheitadeira, seguido por minha mãe com o caminhão, então meus três irmãos no trator, e eu com a caminhoneta atrás.

Somos assim até hoje, colaboradores e parceiros entre nós da família e com as pessoas em nosso entorno, pois nunca fazemos nada sozinhos, como disse no início deste passo, que é fundamental para uma vida plena.

– PASSO 6 –

INTELIGÊNCIA EMOCIONAL

"O impulso é o veículo da emoção; a semente de todo impulso é um sentimento explodindo para expressar-se em ação. Os que estão à mercê dos impulsos – os que não têm autocontrole sofrem de uma deficiência moral. A capacidade de controlar os impulsos é a base da força de vontade e do caráter."

DANIEL GOLEMAN

Somos seres emocionais, mas também podemos nos comparar a uma espécie de grande computador fisiológico e biológico que necessita lidar com as emoções a todo instante, pois os sentimentos sempre virão. Quando estamos conscientes disso e entendemos o funcionamento desse processo todo em nós, conseguimos governar as nossas emoções.

Quando você consegue governar suas emoções, há um ganho extraordinário e inestimável em sua vida, pois você não fica descontrolado como um trator diante das situações que o cercam. Os sentimentos vão vir. Por exemplo, ao sentir raiva, você não vai canalizá-la para coisas ruins, mas sim para aquelas que o elevam, pois é disso que se trata a habilidade de governar as suas emoções.

Com a inteligência emocional, conceito que se tornou mundialmente conhecido a partir de 1995 após a publicação da obra do psicólogo americano Daniel Goleman, a habilidade de reconhecer as emoções, tanto nossas quanto de outras pessoas, e conduzir nossas respostas diante delas, sejam internas e externas – isto é, que chegam de outros até nós –, é um dos maiores recursos do autoconhecimento. De posse dessa ferramenta poderosa, podemos fazer uma analogia com um drone em cima da própria cabeça, o qual, ao avistar a ansiedade se manifestando, já nos prepara para pensar no que devemos fazer para sair desse estado.

A inteligência emocional nos permite entender como funcionamos. Se você está melancólico, se está com raiva ou desmotivado, é a partir dela que você perceberá seu estado emocional, para então identificar a melhor forma de gerenciar a emoção que está sentindo, para em seguida praticar a automotivação e a empatia para uma completa mudança de atitude em relação aos sentimentos derivados de cada situação. É assim que ocorre quando estou com raiva: me controlo, respiro fundo, conto até dez. No entanto, quando estou feliz, as emoções boas não precisam ser controladas.

Vejo pessoas inteligentíssimas, líderes incríveis, pessoas extraordinárias, empreendedores, pessoas de sucesso, que ganham bastante dinheiro, que trabalham muito com as mãos, com serviço braçal, mas não têm inteligência emocional e perdem aquilo que conquistaram, dizendo algo inadequado ou agindo de maneira impulsiva. Perdem relacionamentos, casamentos, geram atrito com os filhos, com os colaboradores, até com chefes ou sócios, porque não sabem controlar a própria inteligência emocional.

Contudo, a vida não precisa ser assim quando se tem as práticas da auto-observação, do autocuidado no relacionamento consigo mesmo e a manutenção da relação com o outro estabelecidas de maneira saudável no cotidiano, pois uma vez que a pessoa domina cada uma dessas capacidades (já abordadas nos passos anteriores), a inteligência emocional será altamente eficaz ao longo de cada fase pela qual estiver passando.

O CÉREBRO REPTILIANO E OS IMPULSOS DE AÇÃO

Quando Daniel Goleman fala sobre o controle de emoções, cita o cérebro reptiliano, que tem esse nome por remeter à parte mais primitiva do órgão, responsável por reflexos e funções automáticas que o corpo executa. Por essas características, o professor Goleman explica, em seu livro *Inteligência emocional*: "Não se pode dizer que esse cérebro primitivo pense ou aprenda; ao contrário, ele se constitui num conjunto de reguladores pré-programados que mantêm o funcionamento do corpo como deve e reage de modo a assegurar a sobrevivência".

Então quando algo acontece e você reage automaticamente, é o cérebro reptiliano agindo. Em outras palavras, é uma reação instintiva tal como vemos no comportamento animal. Ao fazer isso, a pessoa não sente, não observa o que aconteceu, por isso a gente fala e faz o que não deve. Quando nos deixamos levar pelo cérebro reptiliano, o corpo não tem a sabedoria de ressignificar o que aconteceu, então acreditamos que tudo que acontece é uma espécie de ataque pessoal feito com a intenção de nos prejudicar de alguma forma.

Perseverar apesar das decepções, controlar os impulsos e retardar as ações, com cada pessoa encontrando o método próprio, é a expressão de uma inteligência emocional sadia.

É importante, portanto, a inteligência emocional a partir da leitura da fisionomia do outro, da expressão daquela pessoa; se ela está com o punho cerrado, por exemplo, está brava, então não vou ali fazer atrito com ela. Do contrário, o que pode acontecer? É preciso falar com essa pessoa com empatia, além de senti-la e vê-la, colocando-se no lugar dela.

Dale Carnegie, outro autor que fala sobre essa forma de inteligência, também ensina uma coisa muito interessante: "Você pode ter o QI elevadíssimo, ser um sábio inteligentíssimo, só que se você não tem inteligência emocional, o seu conhecimento não equivale a nada". Isso é muito importante, porque se acontecer algo que você não está esperando, o campo para a atuação do cérebro reptiliano estará aberto, e uma reação abrupta, com tomada de decisões precipitadas, pode estragar aquele relacionamento que você custou a construir, seja na sua empresa, em relação ao seu patrimônio, ou na sua relação familiar.

Viemos à Terra para nos relacionarmos com outras pessoas e, durante essa jornada, aprendemos constantemente uns com os outros, por isso precisamos estar com as nossas emoções à frente de cada processo relacional, em vez de nos isolarmos em uma caverna sem contato com o mundo. Não é à toa que nós nos formamos e evoluímos como espécie a partir do conceito de comunidade.

INTELIGÊNCIA EMOCIONAL *VS.* INTELIGÊNCIA TRADICIONAL

Tradicionalmente, entende-se por inteligência tradicional aquela definida a partir do coeficiente de inteligência, o famoso Q.I. Essa é a parte da inteligência que lida com equações, cálculos, problemas abstratos, por vezes medida com teste de Q.I. Já a inteligência emocional não pode ser medida por testes de QI, pois trata de flexibilidade, daquilo que fazemos em relação às nossas emoções internas e externas.

> **"Tudo que for flexível e fluente tende a crescer, tudo que for rígido e bloqueado definha e morre."**
>
> **Tao Te Ching**

As pessoas repetem que conhecimento é poder, porém a maleabilidade é mais importante porque lida com o inesperado. Quando você tem conhecimento, sabe lidar com questões tradicionais, mas quando enfrenta uma adversidade, se não souber lidar com aquilo, não pode usar todo o conhecimento que tem nem conseguir se adaptar. O Q.I.

não deixa de ser importante, mas de que adianta quando vem alguma coisa inesperada e não sabemos gerir os nossos sentimentos? Basta lembrarmos a época da pandemia e quantas pessoas colapsaram com o isolamento social.

Aliás, foi exatamente durante a pandemia que me aprofundei na inteligência emocional e comecei a usar suas ferramentas de maneira imediata. Por exemplo, se acontecia algum problema com os meus colaboradores, gerenciava a situação de maneira mais eficaz, acalmando a pessoa envolvida. Um bom líder deve ter inteligência, senão ele não consegue liderar nem a si, nem os outros. E eu sou uma líder, sou uma líder na minha casa, nos meus empreendimentos. Como vou ser a tutora das minhas filhas, por exemplo, se não tiver inteligência emocional?

Tenho duas filhas, uma de vinte anos e outra de onze. Quando a mais velha estava preocupada com namorado, Ensino Médio ou a entrada na faculdade, eu pude ajudá-la a lidar com suas emoções graças ao meu conhecimento em inteligência emocional. Acredito que os pais devem conhecer essas ferramentas para ajudar seus filhos a lidarem com suas questões pessoais de forma mais equilibrada e saudável. A inteligência emocional é uma habilidade fundamental para a vida e pode ser transmitida aos nossos filhos para que eles possam se desenvolver como indivíduos emocionalmente inteligentes e bem-sucedidos.

A minha filha de onze anos, como toda criança, infelizmente sofre *bullying* na escola. Porém, como ela sabe que eu trabalho com inteligência emocional, tem me acompanhado em palestras e vivenciado em casa. Com isso, aprendeu a utilizar essa ferramenta ao ir para a escola. Ela costuma brincar consigo mesma: "Nicole, coloque o capacete, porque lá vem pedrada". Essa frase mostra que ela já compreendeu que irá enfrentar situações difíceis, mas também entende que tem a escolha de como reagir a elas. Será que ela quer que aquilo seja ruim, bom ou neutro?

A minha filha de onze anos está transformando o *bullying* e todas essas emoções exteriores em aprendizado, usando no seu cotidiano aquilo que está aprendendo sobre inteligência emocional. Eu descobri isso aos quarenta anos, mas já estou ensinando para ela. Recentemente, minha filha mais velha, Isabelle, teve as provas do último semestre do quarto ano de Medicina. Enquanto a maioria dos colegas estavam nervosos, apreensivos e alguns até chorando, Isabelle conseguiu gerir suas emoções graças à sua educação em inteligência emocional. Ela respirou fundo e disse a si mesma: "Eu estudei, vou dar o meu máximo. Não posso entrar em pânico aqui". É a inteligência emocional que nos permite utilizar o conhecimento adquirido da melhor forma possível, e isso permitiu que ela fosse muito bem nas provas finais. Isso mostra que muitos estudantes não sabem gerir suas emoções e não tiveram aulas de inteligência emocional para lidar com esses momentos de maior tensão e expectativa.

CONDUZINDO AS PRÓPRIAS EMOÇÕES

Somos sempre nós e nossas emoções, especialmente quando nos relacionamos com os outros, portanto precisamos controlá-las. Ao treinarmos nossa inteligência emocional, somos capazes de exercer empatia quando alguém ao nosso lado está passando por um momento estressante. Em vez de entrar em conflito, podemos entender o que o outro está sentindo. Quantas vezes você já agiu sem observar, sem sentir, apenas falando e fazendo, e acabou em uma discussão que poderia ter sido evitada se tivesse controlado suas emoções e se colocado no lugar do outro?

Quando uma pessoa não conhece o assunto e não sabe gerenciar suas emoções, pode trazer o caos e causar conflitos. Por outro lado, aqueles que já aprenderam a controlar suas emoções podem simplesmente se retirar de situações de conflito, deixando a outra pessoa falar sozinha. Afinal, quando um não quer, dois não brigam. Isso é extremamente importante. Quantas brigas de trânsito, por exemplo, acontecem porque as pessoas reagem estressadas, nervosas, cansadas e prestes a explodir?

A pessoa perde tudo pela boca ou quando reage sem sentir o que aconteceu. Perde ou deixa de aproveitar oportunidades por conta de não saber se expressar, por não ser o *coach* das próprias emoções. Afinal, como ela não sabe lidar com as próprias emoções e as dos outros, tem um trabalho em equipe ruim. Isso me lembra a frase de um autor desconhecido: "Não faça promessas quando estiver feliz. Não discuta quando estiver com raiva. E não tome decisões quando estiver triste".

Então, o que significa governar as próprias emoções? Não se trata de reprimi-las, pois essa atitude pode levar a um acúmulo de sentimentos negativos que, em algum momento, podem explodir. Governar as emoções é controlar e orientá-las de modo consciente, não as excluir. Dizer "Eu não vou sentir isso" é negar a própria experiência emocional, e isso pode gerar consequências negativas para a saúde mental. É importante lembrar que tudo o que se exclui volta em forma de situações e experiências para serem ressignificadas, como é ensinado pelas Sete Leis Herméticas, as leis universais. Portanto, governar as emoções também envolve ressignificar os acontecimentos que nos afetam, buscando enxergá-los de uma maneira mais positiva e construtiva.

Por exemplo, na minha primeira palestra para mil pessoas, trabalhei comigo mesma um mês antes, comecei a sentir e conduzir todas as emoções que chegavam até mim. Se não fizesse isso, poderia correr o risco de paralisar ou tornar a apresentação uma catástrofe. Eu conduzi as minhas emoções para superar os grandes obstáculos à frente.

Todos podemos obter os melhores resultados e experiências que queremos na vida aprendendo a ressignificar esses momentos de tensão, expectativa e ansiedade. Gerenciar os acontecimentos que podem nos atingir nos ajuda a ter sucesso nas relações interpessoais (troca de informações entre duas pessoas ou mais) e intrapessoais (conhecimento de si ou relação consigo mesmo), porque eu consigo controlar os meus sentimentos e os das outras pessoas. Há uma história que o Daniel Goleman utiliza que ilustra bem esse ponto:

> Um guerreiro samurai, conta uma velha história japonesa, certa vez desafiou um mestre Zen a explicar o conceito de céu e inferno. No entanto, o monge respondeu-lhe com desprezo:
> – Não passas de um rústico… não vou desperdiçar meu tempo com gente da tua laia!
> Atacado na própria honra, o samurai teve um acesso de fúria e, sacando a espada da bainha, berrou:
> – Eu poderia te matar por tua impertinência!
> – Isso – respondeu calmamente o monge – é o inferno.
> Espantado por reconhecer como verdadeiro o que o mestre dizia acerca da cólera que o dominara, o samurai acalmou-se, embainhou a espada e fez uma mesura, agradecendo ao monge a revelação.
> – E isso – disse o monge – é o céu.

Essa pequena história mostra que somos nós que escolhemos o céu ou o inferno. É a partir do que fazemos com o que nos acontece, com cada ação, cada reação, que atingimos um ou outro destino. Qual deles você quer trilhar?

Nunca esqueça que você tem todas as condições a seu favor de ser líder de si mesmo e, assim como um ditado popular que diz que "foguete não dá ré", você continuará sempre avançando mesmo naqueles momentos em que tiver que dar um passo para trás. Afinal de contas, ao saber quando avançar ou recuar, você não só prova que governa suas emoções com humildade e bom senso, como também demonstra que está afinado com a sua própria vida, que, assim como a bateria de uma escola de samba, às vezes precisa de um recuo para dar o próximo passo.

– PASSO 7 –

BOM SENSO

"Bom senso é o equilíbrio
entre a razão e a emoção."

IMMANUEL KANT

Chegamos a um dos principais pilares para alcançar uma vida plena, pois o bom senso nos conecta diretamente ao significado de ser para ter. Essa essência do bom senso carrega consigo sabedoria, razoabilidade e temperança, virtudes essenciais para o nosso contínuo processo de evolução.

O bom senso se torna mais evidente quando atravessamos o caos que surge ocasionalmente em nossas vidas. É nesses momentos, diante de desafios inesperados, escassez ou desentendimentos, que precisamos ajustar nossas estratégias para seguir em frente. No entanto, essa mudança só será eficaz se realizada com bom senso.

O bom senso é uma virtude intrínseca ao ser humano, assim como todas as ferramentas necessárias para o nosso desenvolvimento. Tudo de que precisamos está dentro de nós, nunca fora; por isso não devemos abrir mão daquilo que faz parte de nossa essência. No entanto, quando se trata das circunstâncias externas, o bom senso nos permite analisar qual é a melhor escolha a ser feita.

"Devo ou não devo?", "Vou ou não vou?". Essas perguntas já passaram pela mente de todos nós. Ao concentrarmos nossa atenção no fato de que não há certo ou errado absoluto, mas sim o bom senso, nos tornamos cada vez mais capazes de tomar decisões que nos levam a uma vida verdadeiramente plena. Podemos viver plenamente, sem medo de adentrar o desconhecido, de experimentar o novo, de voltar alguns passos atrás, de aprender a todo instante, para, assim, nos tornarmos verdadeiramente nós mesmos.

Enquanto escrevia este livro, eu tive uma das experiências mais transformadoras pelas quais já passei, e que aliás posso afirmar que de fato me colocou em contato com o caos pela primeira vez na minha vida. Por ocasião de um treinamento com duração de dois dias em São Paulo, coloquei à prova a minha habilidade de exercer o bom senso em cada parte dessa jornada-relâmpago.

Passar pelo caos com bom senso nos capacita a fazer escolhas mais acertadas.

Durante a minha ida a São Paulo, quase perdi meu voo, minha filha caçula ficou doente de repente, por pouco não perco a reserva do meu hotel, e tudo que havia planejado e visualizado de um jeito saiu completamente de outro. Mas apesar desse turbilhão de adversidades, cada situação pela qual passei me fez acionar o bom senso a todo instante.

"Temos que ter bom senso", foi o que ouvi em uma palestra do Hélio Couto. Aquilo, apesar de ter escutado outras vezes ao longo da vida, me despertou outras formas de pensar; afinal, eu era uma Aline diferente sempre que ouvia a dica mais uma vez. Eu pensava: "Ok, o bom senso é ter o discernimento do que faço e do que não faço para mim". Mas há uma via de mão dupla no bom senso. "Em primeiro lugar, gostaria que o outro fizesse comigo o que estou fazendo a ele? Essa decisão vai nos impactar positivamente?".

Essa reflexão me pegou e comecei a estudar mais o assunto e a importância dele. Quando você age com bom senso, isso também se reflete na maneira de agir com as pessoas ao seu redor, seja na família ou no ambiente profissional. E isso é fundamental, porque a maioria de nós parece ir atrás do senso comum, do coletivo. Não podemos cair nessa armadilha. Você deve pensar: "Eu tenho discernimento. Por que vou fazer aquilo se não é legal?".

Bom senso é justamente agir com esse discernimento, é ter empatia pelo próximo, é não agir de acordo com o que está pré-moldado pela sociedade, o dito senso comum. Quando você vai fazer algo, tem que ser bom para todos os envolvidos. Você pode até dizer: "Mas o fulano fez, e isso deu certo com ele". Ok, mas você não é o fulano! Você tem discernimento. A pessoa que fura fila, joga lixo na rua e faz outras ações do cotidiano que a maioria acaba repetindo sem pensar – guiadas pelo senso coletivo – impacta negativamente a si próprio e a comunidade.

É preciso observar o que fazemos com a nossa vida, sair do piloto automático para favorecer escolhas mais saudáveis e não se equivocar tanto. É óbvio que nem sempre teremos 100% de acerto em nossas escolhas, mas cada pessoa tem o que é preciso, naquele momento, para tomar uma decisão por si só. Você deve se tornar auto-observador da sua vida e se questionar: "Isso vai ser bom para mim? Para o outro? Bom para um bem maior?".

Além disso, devemos usar o bom senso para evitar respostas a partir da perspectiva do nosso próprio ego. O ideal é adotar o ponto de vista de um observador atento aos seus objetivos e consciente do seu papel individual em comunidade.

Quando não fazemos nossa individualização e insistimos em agir de acordo com o senso comum, encontramos desafios que respondem à lei de causa e efeito, uma das Sete Leis Herméticas que mencionei no início desta obra. Resumidamente, toda causa tem seu efeito, e todo efeito tem sua causa, ou seja, toda ação que eu fizer vai criar uma reação que em breve chegará até mim. Esse é um princípio universal.

Portanto, o que quer que tenha acontecido com você ou esteja acontecendo neste momento, trata-se da reação de determinada ação que você efetuou antes, que inclusive pode afetar diretamente outra pessoa ou ainda um grupo de pessoas, uma vez que estamos todos conectados enquanto partes de um todo que podemos denominar consciência única.

Afinal, todos somos um do ponto de vista quântico, ou seja, as partículas, os prótons, os elétrons e os átomos em si nos unem enquanto matéria e também em níveis vibracionais de energia. É por isso que ações, pensamentos e emoções podem estar interligados e influenciar uns aos outros, ainda que não nos demos conta disso.

As pessoas perguntam: "Por que aconteceu isso com ela, o que ela fez que provocou isso?". Mas devemos antes de tudo refletir: qual ação gerou aquele acontecimento? E para nos ajudar a aprender o valor das nossas ações, podemos pensar nos ensinamentos budistas da Roda de Samsara. Samsara significa a existência cíclica, o contínuo ciclo de nascimentos que os seres adotam, baseado no não entendimento da realidade. Ou seja, estamos num movimento cíclico até que aprendamos essas leis universais e passemos a usá-las positivamente no dia a dia para estarmos em consonância com o princípio do bom senso.

PLANETA CAÓTICO

Vivemos em um planeta caótico por natureza, mas adotei uma postura diferente. Agora, em cada ação que me proponho a realizar, observo-me atentamente, sinto meu corpo. Não me deixo mais levar pelas reações impulsivas do meu cérebro reptiliano, como discutido no Passo 6. Tenho plena consciência de que cada decisão que tomo desencadeia reações em todos os aspectos da minha vida, desde detalhes mais sutis até impactos significativos.

Esse processo é desafiador, pois muitas vezes buscamos desculpas para repetir os mesmos equívocos. No entanto, é imperativo mudar de atitude e praticar constantemente um exercício para evitar cair nas mesmas armadilhas. Além disso, o desenvolvimento da empatia desempenha um papel fundamental na busca pelo bom senso. Sem a capacidade de nos colocarmos no lugar do outro, não podemos verdadeiramente exercer a razoabilidade no nosso cotidiano.

Parece simples, mas quando estamos em um nível mais baixo de consciência (veja a Escala de Hawkins, no Passo 1), por vezes não é possível acreditar que o bom senso vale todo o esforço. Por outro lado, quando a pessoa sobe o nível de consciência, consegue deixar o ego de lado, para de agir puramente pelo próprio umbigo e usa o bom senso com mais facilidade. E, claro, colhe mais frutos positivos desse hábito.

Quando falo de bom senso, gosto de compartilhar uma história sobre meu avô Djalma. Ele plantava árvores, ainda que já tivesse completado 94 anos de idade, porque sabia que alguém iria ocupar a sombra e comer os frutos delas. Esse é um grande exemplo para mim e minha família. Plantar árvores, principalmente aquelas que demoram a nascer e dar frutos, é o tipo de ação em que o bem-estar do outro está contemplado. "Não estou fazendo para mim, mas para o outro que vai desfrutar disso", era o que meu avô dizia. Às vezes, quando tenho que fazer algo que não seria tão bom para mim, mas sim para o outro, penso no meu avô. Ele, com 94 anos, plantava árvores pensando no bem-estar do próximo; por que eu, com quarenta, não posso fazer o mesmo?

Eu sempre ensino para as minhas filhas que o bom senso deve estar presente em todos os setores da nossa vida, como nos negócios, por exemplo. Nessa área, o bom senso se manifesta como o equilíbrio do que é bom para o cliente e para quem está vendendo. É preciso deixar claro que, nessa relação, há essa via de mão dupla de intenções, para que seja satisfatório às duas partes. Por exemplo, se um agente de viagem empurra um pacote de turismo para um lugar que nem é tão bom assim, naquela época do ano que vai ser horrível, porque ele tem que vender, que bom senso essa pessoa tem?

É por isso que vendedor é uma profissão importante e deve ser bem remunerada. O profissional, para realizar um bom trabalho, que traga satisfação para o cliente, tem que usar empatia para se colocar no lugar de quem vai comprar aquele serviço. Ele não deve se basear apenas em metas próprias ou obrigações de venda na empresa; o vendedor precisa ter bom senso para que o produto ou serviço oferecido impacte positivamente quem o compra. Esse equilíbrio deve ser a meta nos negócios.

Assim, quem vende consegue colher bons frutos desse bom senso em outros negócios e também na vida pessoal. Hélio Couto diz que, quando a pessoa tem altos níveis de consciência, vai ficar feliz em promover e depois receber o que a vida dá de volta. Aí perceberá essa sutileza, o carinho manifesto.

Para concluir, gostaria de deixar bem claro que o bom senso é uma habilidade que precisa ser treinada de maneira contínua. Por meio do autocuidado, do amor-próprio e da manutenção do seu autoconhecimento, você se verá cada vez mais capaz de usar essa ferramenta que é altamente estratégica quando falamos em vida plena. Não permita que a frustração diante do que não sai como esperado ou o caos do mundo o consumam. Em vez disso, recolha-se em seu interior, silencie por um momento e ouça a voz do seu bom senso, pois ela será sua orientação confiável.

– PASSO 8 –

EU ME COMPRARIA?

"O homem é seu próprio jardineiro."

JAMES ALLEN

Você já parou para se perguntar se você se compraria? Vivemos em um mundo obcecado pela busca incessante da alta performance profissional, em que se fala tanto sobre o Eu profissional que muitas vezes nos esquecemos do aspecto pessoal. Na realidade, a essência do Eu como um todo tem sido negligenciada. No entanto, é na essência que devemos sempre prestar atenção, especialmente quando se trata de nos comprar.

Você já se questionou se você mesmo compraria o que fala para os outros? Você realmente transmite sua verdadeira essência? Você se compraria como pessoa? E como profissional? Como pai, mãe, filho ou filha? Como ser humano e ser espiritual? Não se trata de exigência, pressão ou autocrítica, pois não podemos nos basear na culpa ou nos questionar se estamos fazendo as coisas corretamente.

Este passo consiste em voltar-se para a própria essência e seguir o magnetismo dela, que abordaremos em detalhes mais adiante. Sempre que vou comprar algo, não me atenho apenas ao que está sendo oferecido, mas sim à pessoa por trás daquela oferta. Isso significa comprar pela essência, e não por argumentação persuasiva. Embora seja mais demorado, comprar pela essência gera uma verdadeira conexão, e é nesse momento que trilhamos o caminho para uma vida plena, sempre conectada à essência do ser.

Quando você está totalmente focado em realizar, atingir metas e operar em alta performance, precisa parar e refletir: você é um produto, mas não um produto qualquer. Você é o seu próprio produto. Quando percebi isso durante uma palestra do Hélio Couto, fiquei profundamente impactada e não consegui mais esquecer. Se vou vender algo e não conheço bem meu produto ou serviço, preciso me aprofundar nas características dele para realizar meu trabalho com excelência.

Podemos aplicar o mesmo princípio em nossa vida pessoal e na vida profissional. Como palestrante motivacional sistêmica, por exemplo, preciso estar inteiramente presente para oferecer o meu melhor. Isso implica trabalhar os meus gatilhos mentais, emocionais e traumas. Como devo configurar esse complexo computador biológico e fisiológico que sou para comunicar de forma que, além de cognitiva e racionalmente, a pessoa sinta, por meio da ressonância, que sou autêntica naquilo que estou transmitindo?

Quando temos consciência de que nosso propósito é maior do que nossa dor, finalmente conseguimos nos tornar nosso próprio produto. Isso nos capacita a buscar o autoconhecimento e a desenvolver nosso magnetismo, de modo que não apenas nós mesmos nos compramos, mas também despertamos o desejo de sermos adquiridos por todos ao nosso redor.

Em minha vida, tudo o que faço possui propósito. A cada momento em que ajo ou planejo algo, estou cada vez mais disposta a encontrar propósitos. Anos antes do início da pandemia de covid-19, decidi me dedicar de verdade e não me dispersar mais. Desde então, me comprometi a estudar física quântica duas horas por dia. Eu colocava os fones de ouvido e ia cozinhar, otimizando meu tempo ao ouvir palestras. Essa gestão do tempo é muito necessária, e quando você a executa, suas tarefas rendem mais e seu dia, também.

Descubra quem você é, e seja você mesmo.

Desde o início, minha trajetória profissional deu saltos exponenciais quando me conectei profundamente com a energia do meu propósito. Essa energia me acompanhou em cada passo. Como Hélio Couto afirma: "Descubra quem você é, e seja você mesmo". Eu costumava dizer: "Eu sou a Aline, mãe da Isabele e da Nicole, esposa, agropecuarista". Mas percebi que essa identidade era apenas uma construção baseada em projeções minhas.

Muitas vezes nos limitamos a ser apenas o personagem que carrega as responsabilidades de ser pai, mãe, cônjuge, palavras que têm um forte poder no inconsciente coletivo. No entanto, somos muito mais do que esses papéis. Quando nos desprendemos dessas identificações, começamos a enxergar a vida por uma nova perspectiva. Tornamo-nos observadores de nossa própria existência e passamos a utilizar mais o discernimento do que o senso comum (conforme aprendemos no Passo 7). É por isso que a frase "Descubra quem você é, e seja você mesmo" tem tanto poder.

Nasci com o dom da comunicação, porém, até minha adolescência, fui considerada por muitos como a menina mudinha. Apesar disso, ao longo dos anos, mesmo antes de saber mais profundamente sobre autoconhecimento, eu já ia trabalhando esse aspecto em mim, e depois que comecei a efetivamente estudar neuroplasticidade – que se refere à capacidade do sistema nervoso de mudar e se moldar, em níveis estrutural e funcional – a minha forma de se comunicar deslanchou.

Uma vez que, ao longo do desenvolvimento neuronal, a pessoa é exposta a novas experiências, ela pode mudar paradigmas, e foi exatamente o que fiz quanto àquela ideia de que eu não era comunicativa.

Afinal, podemos ressignificar e transformar tudo, e isso parte da nossa força interna, do poder da neuroplasticidade.

Antigamente, os especialistas em neurociência diziam que o cérebro humano só mudava até os dezoito anos, mas essa informação foi atualizada. Hoje sabemos que o cérebro é capaz de criar novas sinapses, ou seja, novas conexões neurais por meio da neurogênese, que é responsável pela construção de novos neurônios dentro do processo de neuroplasticidade. Por exemplo, eu não tinha o hábito de ler livros, não ocupava muito meu tempo com isso. Hoje leio três, quatro simultaneamente, ouço palestras, e quando minha filha fala comigo, consigo respondê-la, resolver meus afazeres em casa, então precisamos sempre treinar a neuroplasticidade, porque o crescimento é exponencial. É apenas a mente que nos limita.

NÃO DEIXE QUE A SUA MENTE LIMITE QUEM VOCÊ É

Antes de me aprofundar nos estudos sobre o novo pensamento e de trazer este passo que revela a importância de sermos autênticos e vivermos na essência para atrair o que queremos a partir do que somos, cheguei a sofrer de uma autoconfiança muito fraca. Não me achava original e, por insegurança, muitas vezes pensava em imitar o que outras pessoas faziam.

Para piorar, antes de tentar ressignificar esse assunto, eu atraía pessoas e situações abusivas. Havia pessoas que me cobravam, pediam e demandavam, sempre exigindo mais. E por quê? Porque eu mesma não conseguia me comprar ainda. Eu não havia trabalhado o amor-próprio em mim (como expliquei no Passo 2), então ainda carregava esse gatilho que causava dor no meu peito.

Mude os seus padrões de pensamento, as suas crenças, e cure a sua vida.

A minha vida foi seguindo dessa maneira até que finalmente determinei que a minha mente não iria me limitar mais me deixando presa aos meus medos, e a partir daí comecei a me perguntar como eu poderia mudar aquilo em mim; como eu poderia "curar a minha vida", como afirmava a grande influenciadora da minha carreira, Louise Hay.

A virada de chave veio com o mergulho que fiz dentro de mim mesma. Por meio dos vários processos terapêuticos que tive a oportunidade de experimentar, ressignifiquei crenças e superei traumas, pois, quando nos curamos, ficamos mais aptos a desarmar os gatilhos mentais que nos paralisam. Quanto mais traumas não resolvidos eu carregar, maior será o impacto negativo em minha saúde. No entanto, à medida que vou me curando desses traumas, cresce minha abertura para falar sobre esses assuntos, compartilhar experiências e orientar os outros, impulsionada pela ressonância, como uma mastercoach e mentora que sou. Foi assim que finalmente me tornei um produto fidedigno da minha essência, e sim, eu me compraria. Claro que toda revolução que promovemos em nós deve ser encarada como um processo contínuo, pois até o último dia da nossa vida estaremos em reforma íntima. Porém, antes de ter esse resultado, eu precisava ser exatamente esse produto.

Toda vez que falo sobre o oitavo passo deste livro, penso nas minhas filhas. Elas estão sempre presentes em todas as minhas palestras, e consigo perceber o quanto estão atentas e conectadas com o que estou transmitindo. Se eu não estivesse sendo autêntica e dissesse ao público "Vamos competir! O outro não importa!", você pode imaginar que mensagem estaria transmitindo para minhas filhas? Que tipo de exemplo estaria dando a elas?

Ser o seu produto é uma das ferramentas mais importantes do autoconhecimento. Não se trata de sermos perfeitos, porque perfeição não existe neste mundo material em que vivemos. Aqui, estamos todos em processo de sermos humanos, passando por estágios de evolução. Por essa razão, meu objetivo é levar essa mensagem, fazer com que as pessoas se questionem, aprofundem o pensamento a partir da própria visão de mundo.

Eu dou as ferramentas e a pessoa, dentro de si, faz a sua reforma íntima. O Passo 8 consiste nisso. Então, com base em tudo que você tem visto, você se compraria? Todos os dias eu faço uma revisão mental sobre como estou me saindo enquanto produto da minha essência e me pergunto se eu me compraria como filha, como esposa, como colaboradora, como empreendedora, como empresária.

É para responder a essas perguntas que devemos nos observar, evitar o senso comum que segue o fluxo de acordar de manhã, ir trabalhar e voltar para casa. Então, reflita por um instante e em seguida responda honestamente para si: "Eu me compraria? Eu me compraria como colaborador, como líder, como gestor? Eu posso fazer melhor? Posso ser um exemplo? Posso fazer de uma forma genuinamente boa e correta? Eu compraria esse trabalho que estou fazendo?".

Lembre-se de que ninguém é obrigado a nada. Na maioria dos trabalhos, há metas para serem batidas, e isso pode fazer com que o profissional crie tanta expectativa por conta desse motivo que trabalhe de forma aflitiva para vender qualquer coisa para o cliente, sem ouvi-lo. Se essas metas estão prejudicando sua vida, mexa-se. Não somos uma árvore, podemos ir embora. Se não está legal, mude. Ninguém é obrigado a nada.

As pessoas se vitimizam, se colocam no papel de que não podem mudar isso ou aquilo. Mas você pode mudar tudo. Do contrário, a pessoa acaba trazendo esse discurso de injustiçada para si e realmente incorporando-o na própria vida. Em pouco tempo, ela passa a acreditar nessa mentira. E perceba: tudo o que fazemos, desde o maior erro ao maior acerto, de forma inconsciente, é para benefício próprio. Para Freud, o pai da psicanálise, não existe casualidade, ou seja, o inconsciente não realizado encontra um caminho do desejo à satisfação.

Tudo o que me acontece, eu causei, e assim voltamos ao tema da autorresponsabilidade, como descrevi no Passo 3. Esse assunto exige muita inteligência emocional, porque por vezes gostamos de culpar os outros sobre o que nos acontece, ou contamos uma mentira para nos consolarmos. Contudo, depois que você passa a vibrar de forma mais alta na escala das emoções (veja a Escala de Hawkins no Passo 1) em relação a esse assunto, entende que seus atos, mesmo os incompletos, reforçam a sua intenção consciente ou inconsciente.

PRODUTO *VS.* PESSOA

As pessoas distinguem o produto da pessoa, mas não existe separação. Nós somos o resultado de tudo aquilo que vivenciamos. É claro que quando estou com a minha família não sou a Aline palestrante, mas é uma separação apenas mental, porque não há essa distinção. Nós somos o produto completo. Está tudo aqui. É como diz aquela frase conhecida: "Antes de ser um bom profissional, seja um bom ser humano".

Muitas pessoas adoram falar sobre alta performance profissional, todos os cursos de que costumo participar tocam nesse assunto, mas e dentro da sua casa? E você consigo mesmo, como é? Parece que há uma ideia de que é possível fazer uma separação de "eus" diversos. Como se a pessoa pudesse ser boa em um lugar e no outro tanto faz, ou pior: ela pode pensar que, ao ser boa em um ponto, pode ser ruim em outro. Como se nós tivéssemos só um lado e esse lado de alta performance se manifestasse apenas no trabalho. Por exemplo, imagine que em uma palestra eu esteja em plenitude, mas em casa eu brigue com o meu marido, seja uma mãe omissa, não olhe para a dor das minhas filhas etc. Terei plenitude apenas em cima do palco? A nossa meta não é dissociar a pessoa do trabalho, mas uni-los.

Eu sou meus 12 passos, sou o meu produto, sou em casa e também no palco.

Sermos um produto da nossa própria essência me faz lembrar uma afirmação de Madre Teresa de Calcutá, quando perguntaram a ela: "O que eu posso fazer para salvar o mundo?". Ela respondeu: "Vá para a sua casa e ame a sua família".

Muitas vezes, nós nos sentimos compelidos a buscar soluções complexas e distantes para os problemas do mundo, mas Madre Teresa nos lembra da importância de começar de forma simples e significativa, cultivando o amor e o cuidado dentro de nossos próprios lares. Ela nos ensina que as mudanças internas, que ocorrem no âmago de nossas relações mais próximas, são a base para transformar o mundo ao nosso redor.

Seguindo ainda outro grande nome da humanidade, Gandhi, sempre levo comigo um de seus ensinamentos mais valiosos:

"Seja a mudança que você quer ver no mundo."

O planeta é salvo por ressonância. Quando comecei a praticar essa compreensão e a viver de acordo com ela, experimentei uma transformação positiva. Percebi que, de forma automática, minhas filhas também passaram por mudanças positivas, assim como todo o ambiente ao meu redor.

Qual mudança positiva você proporciona para as pessoas ao seu redor? A partir do momento que souber responder a essa pergunta, você também dominará o Passo 8 rumo a uma vida plena.

– PASSO 9 –

ADAPTAÇÃO E FLEXIBILIDADE

"Os homens não atraem aquilo que eles
querem, mas aquilo que eles são."

JAMES ALLEN

Durante toda a existência humana, o que determinou nossa sobrevivência foram a adaptação e a flexibilidade. Nunca foi uma questão de quem é o mais forte, mas sim de quem consegue se adaptar ao ambiente ao qual é exposto. Quando não conseguimos nos flexibilizar de acordo com as situações que nos acontecem e nos adaptar ao novo, ficamos pelo meio do caminho.

Tudo é cíclico, assim como as fases da Lua, como os estágios do grão no processo de plantação e como o próprio desenvolvimento humano – com a primeira infância, a pré-adolescência, a adolescência, a vida adulta, a terceira idade etc. Como nada está parado, tudo vibra e segue em constante movimento, nada é fixo nem estático, a estabilidade não é algo permanente, e pensar o contrário acaba sendo uma visão romântica e ilusória da vida. É preciso olhar para esta como ela é, em sua realidade repleta de momentos altos e baixos, situações de dificuldades, momentos de calmaria, que evidenciam a sua não regularidade.

É por isso que não é possível prosperar verdadeiramente quando estamos vivendo de modo rígido. Para termos uma vida plena, é preciso estarmos em consonância com o fluxo do Universo, e não lutando contra ele. As adversidades virão, assim como as coisas boas e as ruins; portanto, é necessário utilizar a sabedoria para nos adaptarmos. Não dá para ficar brigando se algo que acontece em nossa vida é justo ou não, se é bonito ou feio, se pode ou não pode. Em vez disso, temos que criar rotas alternativas. Do contrário, seremos engolidos pelas pressões geradas pela movimentação natural do mundo.

Uma vez que a estabilidade não é um estado fixo, por vezes experimentaremos o caos nos três pilares da nossa vida, que são a saúde, os relacionamentos e as finanças. No entanto, como já afirmei em passos anteriores, esse caos não significa desordem, mas sim organização. Assim como acontece, por exemplo, na limpeza da casa, em que a gente primeiro desorganiza tudo, colocando o sofá de ponta-cabeça, um balde de água no meio da sala, juntamente com os produtos de limpeza, tirando o tapete do lugar para limpar por baixo, o caos que muitas vezes chega em nossa vida é necessário para que passemos a limpar, organizar e aperfeiçoar os detalhes da nossa jornada. Se não fosse dessa maneira, como seria possível evoluir no caminho do autoconhecimento?

Contudo, a maioria das pessoas ainda resiste em passar por tudo isso. Mas sabe quem consegue transpor essa barreira? Os humildes. Quando as pessoas deixam de ser regidas exclusivamente pelo ego e dão lugar à humildade, finalmente são capazes de entender que a maneira mais eficaz de enfrentar as adversidades é assumindo uma postura modesta e reconhecendo que aquilo pelo que estão passando é para o próprio bem e crescimento delas, e que mais para a frente poderão agradecer por tudo, inclusive pelas dificuldades.

Quanto mais prepotência ao questionarmos "Por que eu?", mais entraves pelo caminho encontraremos. Ao passo que quanto mais nos curvarmos perante a força do Universo, mais rápido faremos essa travessia nos períodos caóticos. Chamamos isso de adaptação e flexibilidade, possíveis de serem experimentadas em razão de só haver uma única consciência, que é a do todo, que uns chamam de Deus, outros de Criador, ou mesmo Universo. Então, quando queremos mudar algo em nossa vida, temos que ir em direção a essa consciência, que nada mais é do que o processo do ser para ter. Lembra que, no início deste livro, afirmei que, se você quer ter paz, é preciso que você seja a paz, indo para essa consciência da paz, fundindo-se com essa mesma energia? Pois bem.

Uma vida plena é uma vida em totalidade, e o que isso significa? Significa que a qualquer momento é possível errar, se equivocar, voltar, recomeçar, desconstruir, construir. É não deixar o medo o travar; é você ir lá e fazer o que tem que ser feito. É usufruir da experiência terrena da melhor maneira possível, em vez de se limitar pelo medo de fazer algo e dar errado. Fazer escolhas saudáveis e mesmo as não saudáveis, porque aprendemos com cada situação experimentada. Viva mais, ame mais, se permita sempre fazer mais para lá na frente não se arrepender por causa da falta de iniciativa. É preciso ser mais ousado e não ficar paralisado. Esse é o princípio básico de se adaptar e ser flexível.

Sou uma pessoa que ri das próprias adversidades, pois entendo que está tudo certo mesmo em meio ao caos. Está tudo bem se for preciso ir e voltar, pegar o banquinho e sair de mansinho (fazendo aqui uma alusão a uma célebre frase usada num programa de calouros da TV brasileira), como fiz recentemente durante o caos vivido em uma de minhas viagens (veja Passo 7). Quando me deparei com todo o meu planejamento não saindo conforme o esperado, assumi uma postura humilde e entendi que precisava voltar em algumas estratégias em que havia me lançado. Tive que regredir a certo ponto para não me descolar da realidade, pois, do contrário, estaria vivendo fora da minha plenitude.

Você pode mudar o plano a qualquer momento, pode mudar a rota, mudar a estratégia para uma que não custe a sua paz. O que interessa é o seu destino, seu propósito, sua missão. Como comentei no Passo 7, quando eu quase perdi meu avião, sabia que não o perderia, pois estava totalmente focada em atingir aquele objetivo de pegar o voo para voltar para casa. Então, de repente, veio uma força interior que me impulsionou para literalmente correr como nunca havia feito antes na minha vida. Essa força nada mais era do que a capacidade de me flexibilizar diante daquela situação, pois, para alcançar a minha meta, eu teria que me adaptar à circunstância na qual eu havia caído – nesse caso, o fato de o roteiro não ter saído conforme o planejado, pois sofri atrasos nos meus compromissos anteriores ao horário do meu embarque.

No decorrer dos anos, é preciso ir mudando o modelo de vida pessoal e profissional. Mas as pessoas se agarram tanto a ideias fixas que não conseguem mais enxergar outras possibilidades e probabilidades. Elas começam a se sentir constantemente no fundo do poço e rejeitam a ideia de que muitas vezes é preciso chorar, decantar, sentir a dor, a tristeza, a raiva e então repensar novas estratégias de modo a partir para a ação. Ao final de todo esse processo de refletir o que é possível aprender e fazer com o que nos acontece, o alívio virá. Contudo, o que tem acontecido é muito diferente disso.

Em vez de usarem a habilidade natural de adaptação e flexibilidade para a sobrevivência, as pessoas têm recorrido cada vez mais a remédios para anestesiar suas dores, pois não querem entrar em contato com suas emoções. O número de pessoas que têm usado remédio para dormir, remédio para acordar, remédio para ter foco e assim por diante é cada vez maior. As pessoas estão muito desesperadas, correndo como se o mundo fosse acabar, e muitas vezes fazem isso para ir atrás de algo sem nem saber ao certo o motivo, simplesmente porque alguém falou para que elas fizessem isso.

Você já parou hoje para observar a si próprio? O que você tem feito dos seus dias? As suas escolhas têm sido realmente suas ou de outros? Pare, observe a sua vida e permita o tempo de decantação para descobrir o que verdadeiramente importa para você.

Um dos maiores exemplos de adaptação e flexibilidade acontece no campo financeiro. A maioria das pessoas acredita que, quando possuírem bens materiais, tudo estará resolvido em suas vidas e o pior nunca irá acontecer. Mas e se um dia elas perderem o que têm, ou se os bens materiais forem tirados delas de repente ao passarem por uma grave crise financeira? Nesse caso, se tiverem autoconhecimento, o processo será penoso, mas ainda assim elas terão muito mais força para enfrentá-lo.

Vamos supor o seguinte: você está em uma situação confortável na sua vida, conquistou com o suor do seu trabalho sua empresa, sua casa própria, seu carro; seus filhos estão em boas escolas, está tudo uma maravilha. De repente, acontece um impacto financeiro inesperado. Como diz o empresário e escritor Flávio Augusto: "A estabilidade não existe. A vida é um risco a partir do instante em que você chegou a este mundo".

O Universo está sempre vibrando. A crise pode ser sua – ou seja, particular, da sua empresa – ou pode ser uma grave crise econômica que atingiu o país inteiro. No início de 2022, por exemplo, no verão, houve uma crise hídrica na fronteira oeste do Rio Grande do Sul. Isso causou uma série de problemas no agronegócio da região por conta de um fator imponderável: o clima. Simplesmente, houve uma seca de quatro meses que deixou todos os produtores da região pensando: "Como isso aconteceu? Nós aramos a terra, plantamos a semente, aguamos, botamos os fertilizantes e não deu resultado?". Como se fosse algo que pudesse ser controlado pelas mãos humanas.

Nessa hora, a pessoa que fica apenas se lamentando diante da situação se vê andando em círculos, presa no eterno redemoinho dos problemas, em vez de se adaptar às novas condições, impostas pelas condições externas, para sair daquela adversidade. Entretanto, apenas quando damos um passo à frente, vemos as soluções. Como diz Bert Hellinger: "A solução para as nossas adversidades não vem do mesmo lugar onde as criamos". Por isso, precisamos sair daquele lugar do problema para observar novas perspectivas e possibilidades. Essa habilidade não existe naturalmente, precisamos desenvolvê-la.

E quando vem essa crise financeira, se você não tem conhecimento e inteligência emocional, pode repetir todos os mesmos atos que o levaram à crise, replicando padrões em vez de buscar novas soluções. Você acaba não se adaptando ao novo, não sendo flexível. Pessoas rígidas tendem a operar e ver a realidade à sua volta sempre da mesma forma. Por outro lado, quando somos flexíveis, tudo flui de maneira mais leve, porque você vê a necessidade de adotar novos comportamentos, novas formas de agir adequadas ao cenário.

Durante a pandemia de covid-19, por exemplo, quem não se adaptou ao novo cenário mundial ficou para trás. A pandemia veio para nos mostrar que não controlamos quase nada e que, quando não formos flexíveis, o Universo nos enviará mensagens para que estejamos atentos. Se não ouvirmos, enxergarmos ou sentirmos, e mantivermos sempre os moldes engessados de operar na vida pessoal e profissional, aceitando que vamos morrer desse jeito, seremos cada vez mais confrontados com essas mensagens dolorosas. Isso porque a pessoa rígida não para, não observa, não enxerga, prefere ficar na própria ignorância. Mas adaptar-se sempre será uma questão de sobrevivência.

Quando as pessoas não estão aptas a se flexibilizar ou se adaptar, ao primeiro sinal de adversidade, o pânico se instala e elas paralisam, perdendo temporariamente a capacidade de raciocinar. Mas todo conhecimento é enriquecedor se você o aplicar verdadeiramente. Sem uso, ele se torna inútil. É como se você tivesse um remédio capaz de salvá-lo, mas o deixasse esquecido sobre a mesa de cabeceira. Você pode ser extraordinário em todas as áreas da sua vida, mas, se não se adaptar aos novos cenários e não for flexível, de nada adianta, porque um dia todos nós teremos que ser flexíveis para nos adaptarmos a esses novos rumos que o destino nos aponta.

Como diria Napoleon Hill: "Não deixe a dura mão do destino bater no seu ombro". Portanto, sempre fique atento aos sinais antes de acontecer algo, ou quando uma mudança já estiver em curso, para que haja tempo de você mudar o percurso do seu barco. Nós somos os pilotos da nossa vida, e mesmo sabendo que somos guiados por uma força maior, existe uma parte que nós guiamos e devemos conduzir. Como seres dotados de livre-arbítrio, é de responsabilidade nossa dirigir a parte que nos cabe da melhor maneira possível.

Quando eu era mais nova e decidia um plano em minha vida, não me permitia pensar em outros caminhos, não abria minha mente para as possibilidades. Eu achava que era feio, esquisito, um sinal de fraqueza talvez, e a indecisão me deixava desconfortável. Só comecei a repensar esse comportamento quando passei a adquirir autoconhecimento, mas, sobretudo, com a chegada de tempos desafiadores como a pandemia.

Quando abri a minha clínica em 2020 depois de tanto trabalho, veio a fase do isolamento social e não pude inaugurá-la propriamente. Chegou um ponto em que não havia mais cliente; eles simplesmente não apareciam. Foi uma enorme frustração, mas não havia remédio, e eu entendi isso. Sou uma boa aluna, ainda que tenha demorado quatro décadas para reconhecer. Então fechei a clínica, fui morar na fazenda e comecei a investir nas minhas redes sociais, divulgando autoconhecimento. Passei a ter outro foco que me interessava, aliando-o ao que era possível realizar naquele momento.

A crise me fez parar, enxergar e pensar: "Espera aí, o que eu faço agora, já que essa clínica não está dando certo?". Com essa reflexão, busquei novas oportunidades. As pessoas devem se esforçar para ter o discernimento de que, embora aquela experiência seja ruim no momento, ela pode ser uma grande oportunidade para abraçar o novo.

Nesse mesmo período, comecei a me unir a grandes palestrantes, convidando personalidades como Tande, Xuxa, Geraldo Rufino, Rick Chesther para fazer *lives* e serem entrevistados por mim. A cada *live*, a conversa fluía melhor; fui me acostumando, me adaptando àquele contexto, que logo virou minha nova realidade.

Depois, quando comecei a subir nos palcos para palestrar, meu corpo todo tremia, mas, a cada vez que eu vencia esse medo, sentia um pouco menos os tremores, e disso aprendi que encarar o novo sempre nos fortalece. A motivação vem de dentro, por isso devemos estar sempre nos autossugestionando com coisas que nos elevem. É basicamente o conceito expresso naquela máxima que diz: "Deus habita dentro de você"; portanto, esse ímpeto para a adaptação em busca de realizar algo novo vem de dentro para fora.

No entanto, nós temos a tendência de nos autodepreciar em vez de nos motivar. Costumamos atribuir responsabilidades e falhas aos outros, mas devemos começar por nós mesmos. Quando algo dá errado, logo depositamos a culpa no outro, e nas vezes em que percebemos nosso equívoco, nos punimos em vez de nos motivar a melhorar. Com isso, continuamos fazendo sempre as mesmas escolhas e tendo os mesmos resultados.

Não nos damos conta disso, mas tudo que falamos para nós mesmos por meio da autossugestão pode ser muito poderoso. Por isso a importância de aplicar o conceito do "orai e vigiai" em relação aos nossos pensamentos, o que está diretamente ligado à fé, princípio fundamental também para seguirmos uma vida com mais capacidade de adaptação e flexibilidade.

A vida é feita de ciclos, de mudanças. Imagine se todo dia fosse segunda-feira. Como já afirmei aqui, estabilidade não existe na saúde, nos relacionamentos e nos negócios. Ela não existe e nunca existirá, e sempre foi assim. Se olharmos para trás, para os nossos antepassados, veja quantas guerras mundiais, epidemias e exílios eles tiveram que enfrentar. Somos imediatistas, temos a tendência de olhar apenas para o hoje, mas, quando ampliamos a nossa visão, podemos imaginar o quanto eles tiveram que se adaptar e ser flexíveis perante essas adversidades extremas da vida.

Poucos reconhecem, mas diante do caos da vida, adaptar-se e ser flexível é ainda mais importante do que conhecimento. Muitas pessoas têm um conhecimento gigante, mas, quando chega uma adversidade, é como se realmente perdessem a capacidade de pensar, pois não sabem como agir. Isso parece óbvio, mas não é, e ainda que fosse, o óbvio precisa ser dito, como afirmei no início deste livro.

Assim, embora conhecimento seja essencial, obviamente, quando as pancadas da vida chegarem e o atingirem, se você não pensar fora da caixa para encontrar uma maneira de contornar aquilo, será um inteligente inerte e não sairá do lugar.

A partir deste passo, meu objetivo é mostrar a você que o ser humano tem uma capacidade enorme de se adaptar, mesmo que ainda não saiba disso em sua integralidade. Contudo, uma vez compreendendo e aplicando esse princípio em sua vida, ele poderá ter acesso ao infinito poder do chamado subconsciente.

Imagine usar uma força incalculável para mover um objeto que literalmente equivale a uma tonelada. Há uma história retratada na célebre obra de Joseph Murphy, *O poder do subconsciente*, que fala exatamente sobre isso. Um homem trocava o pneu de um carro, que acabou se deslocando. O veículo ia esmagá-lo e certamente matá-lo, mas sua filha conseguiu erguer o carro com seus próprios braços para tirar o pai do local onde estava preso.

Quando o homem já estava a salvo, perguntaram como ela tinha conseguido fazer aquilo, e sua resposta foi: "Não sei". Depois, dois a três homens tentaram erguer juntos o carro como ela havia feito, porém não conseguiram. Acontece que essa mulher usou a força que estava lá, empiricamente dentro dela, mas que ela própria desconhecia.

Todos nós temos essa força grandiosa, assim como um poder criativo, adaptativo e de flexibilidade imensurável.

Falam da mãe leoa para justificar esse tipo de força sobrenatural, como uma espécie de instinto animalesco para proteger nossos filhos. Mas não é bem assim. Na realidade, trata-se de uma força que todos carregamos dentro de nós, a qual, ao ser acionada, nos permite manifestar essa capacidade.

Agora, como é possível acessar todo esse poder? Simples: abrindo seus olhos mentais e contemplando o tesouro que está dentro de você, e para isso é preciso ser flexível e recorrer à adaptação sempre que necessário. Há uma mina de ouro em você, da qual é possível extrair todo o necessário para viver com alegria, abundância e glória. O que você está esperando para mudar de rota e se adaptar ao novo a partir de agora? Isso é vida plena.

– PASSO 10 –

MOVA-SE INTERNA E EXTERNAMENTE

"Não é realmente a quantidade de coisas que você faz,
mas a eficiência de cada ação separada que conta."

WALLACE D. WATTLES

A vida é movimento. Assim como uma cachoeira, cujas águas estão sempre correndo e nunca estão estáticas, represadas num ponto fixo, não fomos feitos para ficar parados no mesmo lugar. Somos seres em constante transformação, determinada pelos nossos movimentos internos e externos, que nada mais são do que pensamentos e atitudes.

Você já parou para pensar em quais movimentos está fazendo para ter uma vida plena? Em primeiro lugar, para alcançar uma vida próspera, as suas atitudes precisam estar alinhadas com seus pensamentos. Todo mundo sempre quer alguma coisa, e muitas vezes até escolhe algo para si, porém as pessoas não estão congruentes com seus eixos interno e externo, não estão conectadas e se sentindo integradas na condução de suas vidas, e isso acontece porque geralmente estão fazendo apenas um movimento por vez.

Provavelmente, você já deve ter tido aquela sensação de apenas executar tarefas no seu dia a dia, num eterno piloto automático que aparentemente o deixa em ação. Contudo, para onde um movimento externo sem a condução do pensamento, ou seja, sem o movimento interno definido, o levará?

Suponha que você trabalhe 12 horas por dia, executando sempre as mesmas tarefas, e talvez esteja fazendo isso há anos. Você conhece toda aquela rotina, sabe o que esperar e simplesmente se coloca nesse movimento externo de trabalho duro, pois essa é a única forma de trabalho que você conhece. Mas qual é o propósito disso? Quais pensamentos acerca desse trabalho você tem alimentado, para manter seu movimento interno?

Afinal de contas, se você apenas se mantiver na postura de trabalho árduo sem elaboração de pensamento, colherá sempre os mesmos resultados; assim como uma pessoa que quer emagrecer e passa a desejar intensamente um novo corpo, porém nutre apenas os movimentos internos, ou seja, os pensamentos. Se, em vez de se exercitar, mudar os hábitos alimentares e se dedicar a toda uma movimentação externa necessária para alcançar esse objetivo, ficar apenas no processo mental, e não partir para o trabalho com o físico, essa pessoa conseguirá emagrecer?

Muitas pessoas são sonhadoras, mas, se apenas sonharem e não executarem ações para a sua realização, continuarão simplesmente sonhando, e não vivendo uma vida real.

Obviamente, viver dentro daquilo que já é conhecido não implica esforço e até incentiva certa preguiça só de pensar em sair da zona de conforto. A movimentação dá um trabalho danado, tanto é que muitas pessoas nunca alcançam o sucesso, porque não estão dispostas a dar a cara a tapa. Mas o Passo 10 envolve exatamente isso.

Como já mencionei anteriormente, a expansão da consciência não nos permite mais ficar no estado original em que viemos a este mundo. Logo, fará parte do processo de evolução no caminho do autoconhecimento ao entrar num estado de introspecção, para então refletir sobre o que você realmente deseja para a sua vida. Com isso, será possível compreender quais mudanças de modelo mental e de comportamento você precisa realizar para finalmente ser para ter aquilo que você busca.

Oração (orar + ação)

As pessoas estão acostumadas a orar e pedir constantemente, mas a maioria fica sentada, esperando que o milagre aconteça. Contudo, quando examinamos a palavra "oração" mais de perto, vemos que ela é a junção de dois termos preciosos para nós: "orar" + "ação".

O ato de orar é um dos maiores movimentos internos que podemos fazer, pois, nesse processo que também acaba sendo meditativo, nós colocamos nossos pensamentos em linha com nossas intenções. O que deve ocorrer mutuamente é a ação em si; assim, em vez de ficarmos esperando o Universo trazer o que foi pedido, nos colocamos como agentes do que intentamos alcançar.

Deus lhe dá o chão, mas você tem que dar os passos. Ajude Deus a ajudá-lo.

Orar sempre será uma atitude bem-vinda, principalmente quando falamos sobre se encontrar consigo mesmo e sobre alinhamento de propósito. Mas seja proativo e decida o que você quer da sua vida, pois a partir dessa atitude será possível fazer movimentos internos e externos rumo ao lugar desejado. Chamo isso de "definir um norte", o que, uma vez feito, terá todos os ventos a favor.

Como já afirmei ao longo deste livro, testei em mim mesma todos os passos aqui descritos, e quando entendi que deveria unir a roda que gira tanto fora quanto dentro de mim, as coisas aconteceram, e bem mais rápido do que imaginei. Isso vale para quaisquer objetivos que você trace na sua vida: materiais, espirituais, familiares. Tudo mesmo. Assim, imagine neste exato momento que a sua vida é um filme, desde que você nasceu até hoje. O que você escolhe viver agora? De quais atitudes você precisa para alcançar aquilo que quer?

A princípio, este passo pode parecer complexo porque a pessoa tem que agir e pensar em harmonia para realizar os seus propósitos. Muitos acreditam que precisam fazer um movimento e depois o outro, ou só um dos dois, mas o resultado é mais significativo a partir da sincronia de ambas as atitudes. Já ouvimos muito sobre o poder da ação, mas, quando a ação destoa do objetivo interno, vale lembrar aquela frase de Sêneca:

> **"Se um homem não sabe a que porto se dirige, nenhum vento lhe será favorável."**

Portanto, faça um plano de ação dos seus movimentos internos e externos em direção aos seus objetivos, inclusive escreva-o e observe quantos *insights* poderão surgir a partir disso. A maior parte da literatura afirma que nossa mente racional capta apenas 12% do mundo ao nosso redor, e os outros 88% estão abaixo do nosso consciente que percebe nosso entorno, daí o conceito de a ponta do *iceberg* ser a nossa mente consciente e todo o restante dele, o subconsciente. Mas saiba que é lá que reside um poder infinito. Ao trabalharmos com o subconsciente, somos levados a desvendar novos horizontes, fazer novas descobertas e acessar novas formas de pensamento.

Como podemos acessar e plantar sementes no subconsciente? Um dos mais proeminentes nomes do Novo Pensamento, Joseph Murphy, nos ensina:

> Imagine a mente subconsciente como uma camada de solo fértil no qual brotam e florescem todos os tipos de sementes, sejam elas boas ou más. Se você semeia espinhos, vai obter uvas? Se semeia cardos, vai colher figos? Todo pensamento é uma causa, e cada situação, um efeito. Esse é o motivo por que é tão essencial que assuma o controle de seus pensamentos. Dessa maneira poderá gerar apenas situações desejáveis.

No entanto, é preciso um trabalho profundo para ter acesso a isso. Nada cai do céu. Essas sugestões que ouço na forma de "só visualize, que aparece" não funcionam assim. Isso é imaginação. Ficar no sofá imaginando que tal coisa vai acontecer não funciona. Tudo é resultado de movimentações que fazemos tanto no lado espiritual quanto no lado terreno, para alcançar nossos objetivos. E muito desse poder está onde não podemos ver, além dos nossos cinco sentidos.

Aliás, pensar nos cinco sentidos é quase como entrar em uma armadilha. Fomos ensinados que só podemos ver, sentir, tocar, ouvir, degustar; então, só quando saímos dessa lógica e começamos a pensar fora da caixa é que acessamos esses 88% do poder do subconsciente. Portanto, quando a pessoa escolhe algo, é o lado racional guiando, selecionando o objetivo. Logo em seguida, vêm os movimentos internos; a pessoa sente, mas aí a mente dela diz: "Não, isso é impossível porque está além dos cinco sentidos".

Pensar fora da caixa é justamente ultrapassar essa ideia de que só podemos realizar o que está próximo e é racional. Nosso poder infinito está naqueles 88%. Por exemplo, uma pessoa muito racional tem o poder criativo baixo, porque não é na lógica que frutifica a criação. Steve Jobs tem uma frase ótima sobre isso: "Tenha a coragem de seguir o que seu coração e sua intuição dizem. Eles já sabem o que você realmente deseja. Todo o resto é secundário". Acessar a nossa própria intuição é algo que fazemos quando pensamos fora da caixa. Trata-se do subconsciente falando conosco, emanando ideias e soluções por meio de *insights*, por isso é tão importante, na hora que essa fonte se comunica, gravar ou anotar o que foi recebido.

Essa mensagem não fica na memória, não fica registrada, então, se a pessoa não anota, a mensagem evapora. Antes, eu considerava isso uma bobagem, não anotava os meus *insights*, mas depois queria lembrar o mesmo pensamento, porém obviamente não conseguia. Mas, à medida que fui aperfeiçoando minhas habilidades no autoconhecimento, percebi que essa técnica realmente funciona. A nossa mente vai dizer que não, que é bobagem anotar, mas você deve tomar uma decisão de não permitir que as vozes internas e conscientes, que não ouvem o subconsciente como deveriam, assumam as rédeas do seu pensamento. Claro que precisamos ter bom senso e uma lógica permeando tudo, para entender que somos sistemas dentro desses sistemas e justamente por isso devemos ter leis para serem respeitadas, como disse anteriormente.

NUNCA SUBESTIME O PODER INFINITO

Como expliquei há pouco, o nosso subconsciente concentra um poder infinito, por isso jamais deve ser subestimado. O meu vídeo "Ser para ter", por exemplo, foi um *insight* do meu subconsciente. Certo dia, eu estava realizando minhas tarefas diárias quando simplesmente surgiu todo o roteiro do vídeo na minha mente, então na mesma hora peguei o celular, fiz o áudio e mandei para o meu pessoal de *marketing*.

O vídeo foi premiado em Paris, e tudo a partir de um *insight* que estava lá nos 88% do meu subconsciente. Então, quando a pessoa se alinha ao poder do subconsciente e realiza movimentos internos e externos, aquela onda fica harmônica, e ela tem os resultados de que precisa bem mais rápido do que imagina.

Já contei em outros momentos deste livro que, no início de 2022, coloquei como meta escrever este livro. Mas acontece que a ideia ainda não estava bem formada. Fiquei os primeiros meses tentando decifrar o que fazer, mas não escrevia nada. Eu havia criado muita expectativa sobre ele até que, no último dia, quando já estava desistindo da ideia do livro, relaxei. E, para a minha surpresa, essa condição fez com que eu tivesse um *insight* para a minha obra.

Muitas vezes, realizar movimentos internos e externos significa ser paciente e observador, pois é dessa maneira que conseguimos abrir espaços na nossa vida para que as sementes que plantamos no nosso subconsciente germinem. Quando estamos somente ali no trabalho, pensando, forçando e insistindo em algo, este acaba não vindo, afinal ainda não há espaço a ser ocupado. Quanto mais rígidos ficamos, mais impenetráveis permanecemos, e assim nada consegue ser gerado, pois vamos podando o nosso plantio mesmo antes de gerar frutos.

Você quer ver a sua vida florescer? Comece silenciando as vozes internas que querem exercer o domínio sobre você de uma maneira autoritária, punitiva e controladora. A mente consciente e racional quer ter o controle, e assim sempre será porque ela faz parte do ego. Contudo, devemos convidar o ego para caminhar conosco lado a lado, em vez de tentar separá-lo ou excluí-lo. Em vez de reclamar dele pelas atitudes egoístas e enrascadas em que pode nos meter se estiver tentando dominar toda a nossa mente, devemos convidá-lo a estar em nossa vida de uma maneira harmônica e sintonizada. E sabe quando isso é possível? Quando trabalhamos no sentido de desarmar os gatilhos que provocam o embate entre o racional e o espiritual.

Busque se desarmar de si mesmo, a começar baixando a autoexigência e o autojulgamento. Por vezes, não achamos que nossa ideia sobre algo é válida ou importante. Muitas vezes, tentamos controlar algo, agarrar e prender aquilo, mas o resultado é que perdemos o objeto desejado, seja pela paralisia de um processo ou pela fuga do que esperamos que chegue. Porém, quando você solta, quando escolhe a leveza, o poder infinito contido em você é capaz de ser manifestado. Novamente, é assim que o *insight* vem. Por outro lado, se nós escolhemos aquilo, já estamos naquela frequência, mas colocamos pressão ou expectativa demasiada, o desequilíbrio de energia é tão grande que o risco maior é o de não dar certo. Por isso é preciso libertar, soltar.

Minhas melhores criações, por exemplo, surgiram enquanto eu estava fazendo bolo para as minhas filhas, ou quando eu estava caminhando com os pés descalços na grama, lá na fazenda, ou tomando café na frente da minha lareira. É possível ter *insights* no banho, fazendo bolo, caminhando, contemplando a natureza. Não se esqueça de que Buda saiu do castelo, deixou a mulher e o filho pequeno e teve sua iluminação embaixo de uma figueira.

É preciso fazer esses movimentos internos e externos, mas acompanhados pelo bom senso da leveza. Isso está ligado à lei do mínimo esforço, do Deepak Chopra. Segundo essa lei, devemos nos afastar de tudo que nos estressa ou leva ao caos, fechar os olhos e procurar ou pedir soluções simples.

AGRADEÇA E ADMINISTRE SEU TEMPO

Neste mundo corrido, nós acordamos e já estamos pensando no trabalho, consequentemente não colocamos o nosso cérebro na onda dos nossos objetivos. Por isso, apresento neste livro o "caderno de gratidão", que foi elaborado para que possamos aprender a nos configurar. Nós somos um grande computador biológico, fisiológico, e quando configuramos direitinho todos os dias e fazemos disso um hábito, é extraordinário. Escrever é fundamental, e de preferência o caderno deve ficar perto da cama ou em outro local bem acessível. Ultimamente, também tenho o hábito de anotar meus sonhos, pois assim garanto os melhores *insights* do meu subconsciente.

Além de agradecer sempre, a pessoa deve pensar, projetar para onde quer ir e agir de acordo com a projeção. Para complicar, estamos em uma época muito caótica, o mundo está mudando cada vez mais rápido. Há também o entretenimento, a facilidade de sentar-se no sofá e pegar o controle remoto com séries, filmes, novelas, tudo nos fisgando muito facilmente; ou seja, existem diversas coisas roubando a nossa atenção de nós mesmos. Sabemos que o cérebro tem que descansar e é preguiçoso às vezes, não quer gastar energia. Esses motivos nos mostram o quanto a gestão de tempo é importante em nossa vida.

Com todas essas atividades buscando roubar nossa atenção, é comum nos desencaminharmos do foco em nosso íntimo de manter uma vida com propósito. A questão é que tempo não falta, mas é necessário fazer com que a gestão desse tempo seja a melhor possível. É preciso identificar o que rouba o seu tempo. É a reunião demorada que poderia ter sido resolvida em um e-mail? É a falta de um quadro de horários claro mostrando o que você deve fazer durante o dia ou a semana? Qual assunto ou atividade o faz procrastinar? Por quê?

Liste as atividades que sugam o seu tempo e o motivo delas. Depois procure otimizá-las ou resolvê-las, de preferência sempre antes de se cansar e com prioridade para as mais complexas. Como diria Dale Carnegie, "Descanse antes de se cansar", pois, quando uma mente está esgotada, os movimentos internos e externos não funcionam, as atividades não acontecem. A fadiga vai fazer com que perca mais tempo até se recuperar. Portanto, aprenda a gerir o seu tempo para também evitar essas fadigas mentais. Isso é mais um dos obstáculos entre você e seus objetivos.

Cada uma das ferramentas apresentadas neste passo está disponível para você seguir em movimento tanto interno quanto externo, pois, à medida que você mantiver a roda da sua vida engrenada e em harmonia com os demais passos aqui apresentados, verá que o caminho da vida plena será perfeitamente possível de ser seguido.

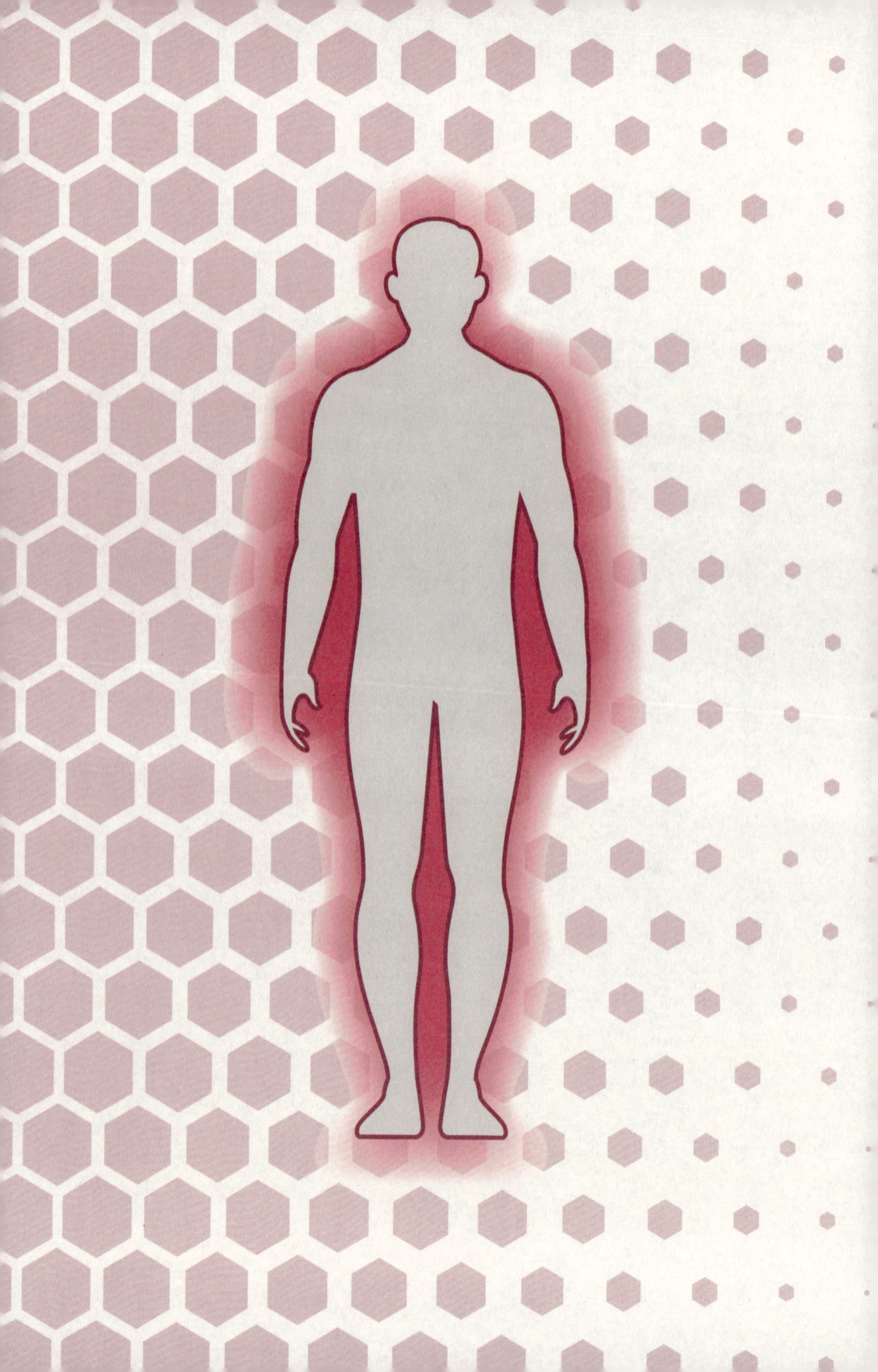

– PASSO 11 –

PERSONA MAGNETOPOSITIVA

“O pensamento predominante ou a atitude mental é o ímã, e a lei diz que as coisas semelhantes atraem coisas semelhantes e, por conseguinte, a atitude mental vai atrair invariavelmente as características que correspondem à sua natureza.”

CHARLES HAANEL

Imagine um ímã poderoso. Nós somos semelhantes a ele, pois possuímos o poder de atrair e repelir tudo ao nosso redor. Por meio de sentimentos, pensamentos e interações com o mundo, somos capazes de emanar uma energia que influencia as pessoas, situações e circunstâncias que se aproximam de nós. Por essa razão, é fundamental estarmos conscientes e cuidadosos em relação ao que pensamos, falamos e fazemos.

Muitas pessoas expressam o desejo de ter uma vida plena e abundante, mas, em vez de se tornarem um ímã de polaridade positiva para atrair coisas boas e agradáveis, frequentemente emitem uma energia negativa, de desequilíbrio e até mesmo nociva. Como é possível ter harmonia ao nosso redor quando constantemente repelimos tudo o que se aproxima de nós?

É importante refletirmos sobre a qualidade da energia que emitimos para o Universo. Se desejamos atrair o que é harmonioso, belo e positivo, devemos ser conscientes das vibrações que emanamos e cultivar uma mentalidade positiva, uma linguagem amorosa e ações alinhadas com o que queremos receber. Assim, nós nos tornamos verdadeiros ímãs de bem-estar, atraindo experiências e pessoas que estão em sintonia com a nossa energia elevada.

Seja a pessoa com quem você gostaria de conviver.

Se você ainda não é uma persona magnetopositiva, pode criar essa realidade para si. Mas atenção: essa característica deve ser gerada a partir da verdade, pois a energia que emanamos nunca mente. Assim, não podemos vibrar uma falsa positividade, forçando um sorriso na tentativa de mostrar aquilo que não estamos sentindo. Não adianta fingir ser uma pessoa agradável, visto que a energia não pode ser simulada, e os outros sentem a falsidade na fala e nos gestos. Aliás, o primeiro aspecto que observamos entre nós é a energia e a frequência na qual vibramos.

Nós habitamos um corpo feito de energia condensada para passar pela experiência de uma vida humana na Terra. E como mencionei anteriormente, somos ainda feitos de partículas atômicas eletricamente carregadas, de tal modo que nada está parado, mas em constante estado de vibração energética. Todos os seres apresentam uma aura, isto é, um campo de energia que revela a nossa essência. Por isso, quando temos pensamentos benevolentes, nossos olhos são capazes de enxergar bondade, e todo corpo diante de nós é luz.

Como sabiamente afirmou Aaron Burns, você não terá uma segunda chance de causar uma primeira impressão. Logo, é fundamental que as pessoas parem e observem que química estão emanando, pois, com base nisso, atrairão como um ímã pessoas, situações e tudo que as cercam, seja bom ou ruim. Se não estiver bom, é preciso mudar; apesar de muitos ainda não terem ideia da existência desses processos, eles são essenciais quando falamos de vida plena. Tudo pode ser mudado, transformado, pois já está ao nosso alcance a partir da nossa conexão natural uns com os outros e com o todo.

Como estamos inseridos em um campo eletromagnético, para emanar o magnetismo pessoal agradável aos outros, é preciso que aquela verdade venha de dentro, que seja genuína. Você deve se configurar, se modificar para tornar sua personalidade tão agradável, positiva e vibrante quanto possível para as pessoas quererem você por perto.

Aqueles que constantemente expressam negatividade, pessimismo e chatice tendem a repelir os outros, afastando as conexões e limitando suas oportunidades de relacionamentos pessoais e profissionais. Por outro lado, pessoas que irradiam uma personalidade positiva e cativante atuam como poderosos ímãs, atraindo os outros com seu magnetismo. Essa energia magnética fortalece nossas relações e nos abre portas em diferentes aspectos da vida.

Não se trata de positividade pura e simplesmente, mas sim de partir para uma nova consciência, uma nova energia, fazendo uma mudança de rota, uma conversão para que finalmente você viva o ser para ter. É preciso perceber a sua personalidade, de modo a potencializar um estado grato, além de sempre fazer o melhor possível, pois assim o seu magnetismo natural irá transparecer. Todo mundo consegue perceber e sentir o magnetismo exercido por uma pessoa.

Para exemplificar o que estou dizendo, compartilho brevemente a história da Gisele Bündchen. Em seu livro *Aprendizados*, a modelo brasileira número 1 do mundo conta que batalhou muito para conseguir uma simples oportunidade de começar a carreira como modelo. Ouviu uma sequência de nãos, e as justificativas variavam: seu olho era muito pequeno, seu nariz muito grande, e por aí vai. Mas ela ainda assim se dizia uma pessoa muito grata, pois era da sua natureza, e por isso sempre agradecia a todos pela chance, mesmo que o retorno fosse negativo. Até que um dia Gisele foi participar do teste organizado por um estilista famoso. Botou um salto bem alto, uma saia-envelope e caminhou pela passarela, como já tinha feito tantas vezes. Mas esse dia não foi como os outros, visto que ela foi contratada. Ficou tão grata e feliz que se esforçou ainda mais para dar seu melhor. Fez seu trabalho rindo, alegre, faceira. Jamais tomou aquilo como certo, mas buscava seu sonho com afinco, então quando finalmente ganhou sua oportunidade, mergulhou de cabeça. Ela também relatou que certa vez teve que ficar de biquíni em uma geleira para um ensaio fotográfico. Fazia quinze graus abaixo de zero, mas lá estava ela, plena, porque se sentia de fato feliz e grata por aquele trabalho.

Gisele revela também que havia muitas modelos mais famosas, bonitas e requisitadas do que ela, mas quando iam contratá-la, o que mais ouvia era: "Ah, contrata aquela moça querida, risonha". Então, ela reflete que foi cada vez mais conseguindo trabalhos por conta de sua personalidade cativante, seu magnetismo pessoal agradável. E isso vale para qualquer profissão, além, claro, de proporcionar bons relacionamentos na vida pessoal.

Embora vivamos em um mundo onde nem todos compartilham dos mesmos valores positivos, é importante lembrar que cada um de nós tem a capacidade de manter sua essência magnética positiva, independentemente das influências externas. Aqueles que são genuínos, de bom coração e possuem uma índole positiva muitas vezes enfrentam desafios diante da massa de pessoas que não compartilha desses mesmos princípios e prefere manter um ambiente negativo ao redor.

É verdade que existe uma sombra presente em nosso mundo, que busca exercer influências negativas sobre aqueles que emanam luz. No entanto, é fundamental lembrar-se da centelha divina que habita em nós e nos conecta diretamente à maior força do Universo, que sempre estará ao nosso lado para nos amparar.

Ser bom, honesto, justo e colaborativo pode ser uma atitude questionada e atacada por aqueles que não estão no polo positivo. Contudo, não devemos permitir que a toxicidade dos ambientes nos contamine. Temos o poder de escolher o que é melhor para nós e não precisamos seguir cegamente o que a maioria acredita ser bom e conveniente.

Portanto, é crucial manter-se fiel aos seus princípios e valores, mesmo diante de influências negativas. Lembre-se de que você possui a capacidade de tomar decisões conscientes e viver de acordo com o que considera melhor para a sua própria vida. Siga a sua intuição, mantenha-se conectado à sua essência e confie na força divina que está presente em você.

NÓS SOMOS HERDEIROS DE NÓS MESMOS

Certa vez, ouvi de um colega palestrante chamado Roosevelt Tiago que "Nós somos os nossos herdeiros" e concordei plenamente. Você já parou para pensar sobre o que irá deixar para você mesmo quando sua travessia findar? E não me refiro aqui ao que é material; a questão envolve o que você está deixando para você no sentido de obras realizadas. É fundamental entender quais são as suas criações e como elas estão ficando, pois, a partir do momento que você entender que você só tem a si mesmo, o exercício de sua persona magnetopositiva se sobressairá ainda mais.

Estar consciente de sua vida com propósito, significado, intenção e sentido positivo em tudo que faz também é essencial para determinar a sua persona magnetopositiva. Por exemplo, quando você acorda, quando está com a sua família, com seu animal de estimação, durante uma viagem, qual é o significado que dá a cada uma dessas coisas? Apesar de nem sempre estar tudo certo – e uma vida plena não se trata de estar sempre tudo perfeito mesmo –, quando você estiver alinhado com o que veio fazer neste mundo, encontrando em seu íntimo algo que de fato o fará feliz, saberá como operar na vida, pois vai conhecer tanto de si para realizar a sua jornada que passará a saber segredinhos e descobrir novas rotas que o farão não ficar mais à mercê das instabilidades que vier a enfrentar durante a sua caminhada em direção a uma vida plena. Uma vida com propósito:

"Não se trata de não cair mais, mas de levantar tão rápido quanto você caiu."

CENTELHA *VS.* EGO

Pessoas com personalidade negativa são naturalmente evitadas pelos outros. De modo geral, não costumam ser ouvidas: se tentam vender algo, ninguém quer comprar; por diversas vezes, têm uma atitude arrogante; e seu convívio com outras pessoas é limitado, afinal elas acabam sendo consideradas "malas sem alça" das quais ninguém quer ficar perto.

Acontece que esse tipo de comportamento – que aliás é viciante como uma droga, pois as pessoas possuem uma tendência a serem atraídas pelo polo negativo – está intimamente ligado ao ego. Há pessoas que, quando alcançam certa fama e prestígio, começam a inflar seu ego, tornando-o cada vez mais gigante, e isso faz com que em algum momento se tornem insuportáveis, repelindo em vez de atrair. Ao criarem uma persona nova para subir na carreira, se configuram para crescer fora de sua essência, onde vive a centelha divina, e em até certo ponto isso dá certo. Contudo, ao chegarem no topo, não sabem mais quem verdadeiramente são, e toda aquela construção egoica acaba se voltando contra elas mesmas.

É por isso que personas magnetopositivas precisam ser o seu próprio produto e realmente viver daquilo que pregam, pois somente assim emanarão a energia que atrai tudo aquilo que é agradável para si. Nesse aspecto, podemos inclusive fazer um vínculo com o Passo 8, "Eu me compraria?", no sentido de você ser a mensagem que transmite. Faz sentido, por exemplo, o *coach* que ensina a ganhar dinheiro, mas tem dificuldade de pagar as contas? Um *coach* de casais ferrado nos próprios relacionamentos pessoais e amorosos? Uma mentora de saúde, *personal trainer* ou nutricionista que está acima do peso, com colesterol alto e hipertensão? Obviamente não, pois fica nítida a incongruência. Coach vem da palavra "cocheiro", ou seja, aquele que conduz a carroça, portanto ele guia pessoas até seus destinos, por isso deve, acima de tudo, liderar pelo exemplo.

Respeito e empatia atraem confiança e credibilidade. Gosto de observar tudo e todos para filtrar aquilo que combina comigo, o que gostaria de replicar, mas também para ver o que não fazer. Por isso cobro de mim mesma, "orai e vigiai", para que, mesmo que eu alcance a fama, não chegue ao ponto de achar que estou acima dos outros, porque isso é ilusório.

Não que precisemos almejar a perfeição, pois isso de se considerar acima do bem e do mal, um exemplo imaculado em todos os aspectos da vida, também é uma ilusão. Aqui, neste plano, não existe o ser perfeito. Somos todos humanos amadores, em evolução. Contudo, as pessoas precisam estar no caminho de contribuírem com o melhor de si mesmas para passar adiante não apenas a seus clientes e colaboradores, mas também à família, aos amigos e até mesmo a desconhecidos; afinal, como já compartilhei diversas vezes nesta obra, estamos todos conectados, e reconhecer essa condição é o que nos fará seguir no caminho certo.

NEUTRO, POSITIVO OU NEGATIVO

No Passo 1, "Cuide de sua saúde", falei sobre a importância de cultivar o presente, o aqui e agora, para evitar um estado de espírito melancólico (focado no passado) ou ansioso (focado no futuro). O mesmo raciocínio vale aqui, para desenvolver uma personalidade positiva. É fundamental estar conectado ao momento para criar o magnetismo com o outro, e sempre será dessa maneira porque naturalmente seremos influenciados pelo nosso meio, pelo inconsciente coletivo.

Uma vez compreendendo que o ambiente em que você está inserido pode afetar a sua frequência energética, é importante concentrar seu foco na polaridade certa. Por exemplo, você pode estar naquele polo neutro, em que nem atrai nem afasta pessoas, circunstâncias ou situações; porém, ao assumir essa posição também não alcançará um novo estágio, pois permanecerá exatamente onde está.

Quando você parte do neutro, o cuidado precisa ser redobrado, visto que você pode pender tanto para o polo magnetopositivo quanto para o polo magnetonegativo, a depender das escolhas que fizer. Por isso, ao acordar todos os dias, costumo dizer para mim mesma: "Eu mando na minha vibração", e na sequência programo a minha mente para alimentar bons pensamentos, organizo minhas ideias em direção a pensamentos elevados e que me manterão em um estado positivo para que eu atraia realmente tudo que almejo e é agradável.

Quando mantemos essa consciência viva, não ficamos mais à mercê da energia das outras pessoas. Além disso, passamos a ser capazes de sair de uma neutralidade que não enriquece, assumimos uma postura proativa em relação a nossa persona magnetopositiva, e nos fortalecemos para manter nosso ego saudável, longe da tendência de buscar o que é negativo para atrapalhar nosso processo evolutivo.

Lembre-se: "O homem é a expressão do que pensa". Portanto, treine cada vez mais a sua mente para construir a sua persona magnetopositiva, que será determinante no seu processo de ser para ter uma vida plena.

"Cada um é feito de matéria, e a matéria está continuamente passando por uma mudança química. Essa mudança é a vida, não a sabedoria, mas a vida, como a vida vegetal ou mineral. Toda ideia é a matéria, então é claro que contém a vida em nome de algo que pode ser alterado. Movimento, ou mudança, é a vida. Ideias têm vida. Uma crença tem vida, ou importa, pois pode ser alterada. Agora, todo o supracitado compõe o homem. E tudo isso pode ser alterado."

Phineas Quimby

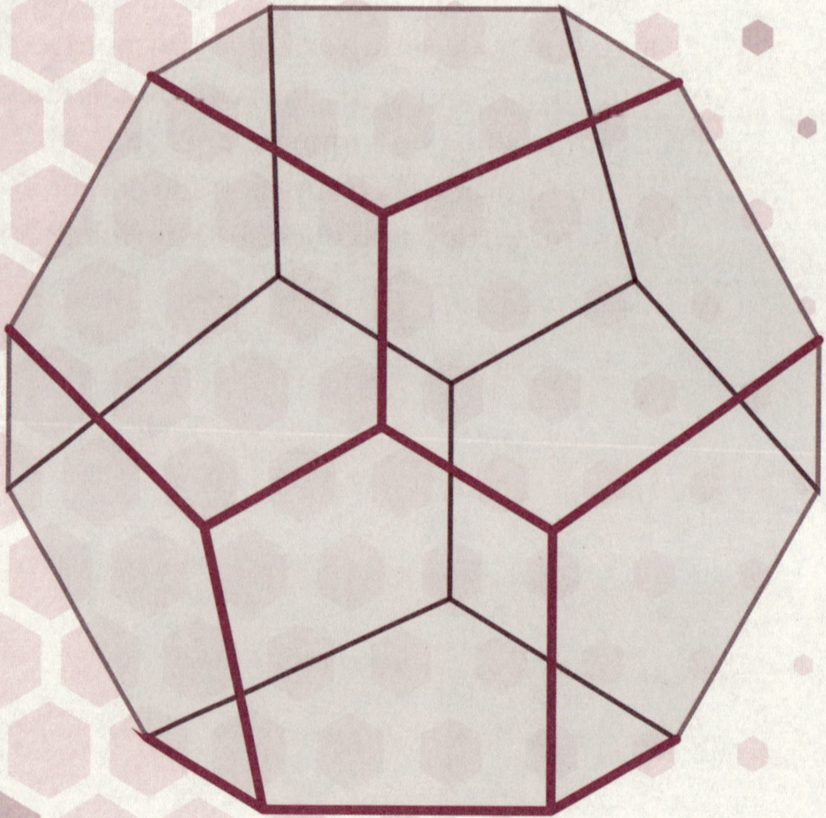

– PASSO 12 –

RESILIÊNCIA PLENA

"Cada adversidade, cada fracasso, cada angústia, leva consigo a semente de um benefício igual ou maior."

NAPOLEON HILL

Levei dez anos para chegar aonde cheguei, e se não fosse a resiliência plena, que pode ser traduzida como uma força que vem de dentro, a construção destes 12 passos não teria sido possível. E, embora possa desafiar a zona de conforto em algum momento, o resultado será incrivelmente positivo e valioso, trazendo uma transformação permanente e significativa para a sua vida.

Quantas vezes não acreditamos que ser resiliente é ter a capacidade de executar cada vez mais tarefas e viver somente em função de mostrar para o mundo o quão forte nós somos? Nessa busca por se apresentar como um ser dotado de superpoderes, que nunca desiste e sempre extrapola seus limites para dizer a todos que é uma pessoa resiliente, a verdadeira resiliência, que é uma energia interna, vai sendo ofuscada e esquecida.

A resiliência plena vem de dentro e habita todo ser humano que pode ser considerado improvável. Na minha trajetória, posso afirmar que sou uma improvável, assim como a maioria das pessoas o são. Acredito, inclusive, que você que está lendo este meu livro agora também seja um improvável, afinal vivemos cercados de improbabilidades que parecem existir apenas para nos lembrar de que a habilidade de sermos plenamente resilientes é o que nos une e também o que nos leva a ter uma vida extraordinária.

Quando relembro a minha história, posso afirmar com tranquilidade que vim de toda uma linhagem de pessoas improváveis, pois minha mãe, por exemplo, foi uma das filhas que vingaram numa época em que seus pais nunca sabiam quais das crianças nascidas conseguiriam resistir às dificuldades do meio em que viviam, com escassez, privações, falta de recursos para cuidar da saúde e assim por diante. Outro improvável foi meu pai, que como contei no início desta obra foi diagnosticado com mal de Parkinson precoce, aos 46 anos, e até hoje, mais de vinte anos depois, segue firme convivendo com essa doença neurológica degenerativa.

Como uma mulher do campo que sempre fui, quais eram as chances de me tornar escritora, palestrante e mentora para levar a minha mensagem ao mundo? Essa é a improbabilidade que me liga ao poder da resiliência plena e que, na realidade, liga todos nós improváveis quando canalizamos nossa história de vida nessa força interna, capaz de ressignificar todas as dores e os traumas que sofremos, para então nos preparar para vivermos nosso propósito.

Lembre-se: o nosso propósito sempre é maior que a nossa dor. Por isso, mesmo habitando um planeta que podemos chamar de planeta-escola, repleto de provas e expiações, no qual somos constantemente testados – porque, como você já sabe, a estabilidade não existe –, ao incorporarmos o Passo 12 em nossa vida, garantiremos a força necessária para enfrentar o que vier pela frente, não importa o que seja.

Como mencionei anteriormente, os momentos de caos instaurados em nossa vida nem sempre são ruins. Eles não vêm para bagunçar, mas sim para organizar, e é assim que saímos da entropia psíquica; em outras palavras, de um estado de desatenção. E o que a resiliência plena tem a ver com isso? Absolutamente tudo, porque é por meio dela que nos tornamos capazes de ressignificar situações traumáticas, eventos conflitantes, olhar de perto o que precisa ser modificado em nossa vida e, assim, fazer o que tem que ser feito. Então, logo depois de passar por esse processo, conseguiremos nos lançar diretamente a uma vida plena.

Como já deixei claro nesta obra, não sou a favor da visão romântica da vida, por isso já aviso que a resiliência plena é um exercício diário para formar uma mentalidade resiliente, pois não nascemos com ela; porém, quando a pessoa aprender isso, vai saber lidar com tudo que acontecer em sua vida de uma forma muito mais eficaz e produtiva, pois fará o possível para evitar aquele momento em que somos "pegos com calças curtas", como diria o ditado popular, sem saber o que fazer.

A resiliência plena também aprimora nosso poder de decisão, pois, quando usamos nossa força interna, passamos a escolher o nosso próprio destino. Novas perspectivas de vida nos são apresentadas, e as mudanças que ocorrem durante esse processo são fundamentais para o nosso amadurecimento no autoconhecimento.

Aliás, abro um breve parêntese aqui para lembrar que existe diferença entre mudança, transformação e revolução. A mudança é rápida, ou seja, a pessoa está no oito e um segundo depois está no oitenta, e então volta do oitenta para o oito de maneira instantânea. A mudança por vezes não é apropriada porque, com a mesma velocidade que você atinge o ápice, também pode atingir o declínio.

Já a transformação é a metáfora da borboleta. Primeiro, ela é uma lagarta contida em um casulo, então faz todo um esforço para romper a casca e, em seguida, abre suas asas e começa a voar. A transformação é mais cadenciada, tem etapas que são resolvidas uma após a outra. O grande ponto positivo é sua solidez; nos sentimos mais firmes, afinal cumprimos aqueles pré-requisitos para chegar até o fim da escada rumo ao topo da nossa vida.

Por fim, a revolução implica uma mudança radical e revigorante, que rompe com os padrões estabelecidos e instaura uma nova ordem. É uma transformação de grande magnitude, capaz de impactar não apenas a pessoa, mas também o seu entorno e até mesmo a sociedade como um todo.

É fundamental compreender que cada processo tem sua importância e aplicação, mas é na transformação que encontramos a possibilidade de um crescimento genuíno e duradouro. É por meio desse processo gradual e consciente que podemos nos tornar versões aprimoradas de nós mesmos, construindo uma base sólida para enfrentar os desafios e alcançar uma vida plena e significativa.

Por muito tempo, fiz mudanças na minha vida desse tipo de oito a oitenta, e depois voltava ao início. Então fiz uma revolução da Aline dona de casa de quinze anos atrás para hoje, a Aline escritora, palestrante e mentora. E afirmo que, se por um lado devemos ser flexíveis, por outro temos que entender essa transformação dos momentos. Devemos ter uma resiliência natural que, somada à esperança e à fé inabalável, se apresentará cada vez mais plena.

Quando faço cada vez mais minha vida valer a pena com base nas minhas experiências e no que escolho transformar, eu também me aproximo da busca permanente por uma relação de harmonia e reciprocidade com tudo aquilo que está ao meu redor. Nesse processo, assumo o compromisso de me fortalecer internamente por meio do autoconhecimento, bem como de me livrar dos julgamentos externos e das máscaras que corremos o risco de assumir quando estamos fora da nossa essência.

Todos nós podemos nos valer dessa mesma premissa e, apoiados pela resiliência plena, nos tornar impecáveis com a nossa palavra, que garantirá sucesso em cada um dos passos apresentados nesta obra; seremos capazes de não levar mais nada para o lado pessoal e parar de tirar conclusões precipitadas, o que aumentará exponencialmente os níveis de saúde não só física, mas também mental, emocional, espiritual e energética. Além disso, daremos o melhor de nós mesmos em cada passo na vida como um todo.

Embora fundamental para alcançar um nível jamais imaginado no processo de evolução humana, a resiliência plena em nosso cotidiano pode se revelar uma manobra pesada de acordo com o nosso objetivo. Por essa razão, manter a perseverança, a fé, e não dar sorte ao azar – ou como diria meu pai, "não facilitar" para que algo dê errado – é o que nos fará cada vez mais firmes e fortes na subida de cada degrau da nossa escada evolutiva.

Tenho certeza de que inúmeras foram as vezes em que você olhou para determinada situação e sentiu uma dor, fosse por você mesmo ou por outra pessoa importante na sua vida. Mas o que realmente faz a diferença quando passamos por momentos assim é a plena consciência de fazer o que tem que ser feito, pois somente dessa maneira adquirimos a firmeza necessária para dar o próximo passo rumo à superação de cada desafio imposto pela vida.

Todos nós passamos por situações que nos põem à prova e nos lançam ao limite de nossa resistência. Doenças, perdas, crises, falências, mortes, privações – ou seja, toda sorte de aflições – uma hora surgirão em nossa vida, e o que determinará a nossa sobrevivência diante de qualquer uma dessas situações será a nossa resiliência plena.

Ainda nesse âmbito, não devemos desmerecer a dor de ninguém. Cada um com a sua mochila, com a sua cruz, todos nós temos algo para carregar. Porém, escolhemos o que fazer com as dores da nossa vida. Isso está muito ligado ao passo anterior, porque para superar as perdas familiares, materiais e financeiras não há outro caminho a não ser adotar uma atitude genuinamente positiva.

"Um homem pode conquistar tudo que sua mente for capaz de conceber e acreditar."

Napoleon Hill

Não se trata de assumir uma positividade tóxica, que ocorre quando a pessoa está no fundo do poço e finge que não está vendo nada, depois sorri. Sou totalmente contra isso, e são conceitos que não devem ser confundidos. Entretanto, sou completamente a favor de a pessoa olhar para a sua dor e ressignificá-la, transformá-la.

Essa é a essência da nossa estadia neste planeta de provas e expiações. Aqui, não devemos fingir que não está acontecendo nada, mas sim olhar para tudo o está ocorrendo a nossa volta, fazer o que tem que ser feito, pagar o preço e ressignificar. Nada de excluir, nada de julgar, mas sim transformar toda a nossa dor em força.

Uma atitude positiva fortalece a sua resiliência plena, e se mover em direção a isso significa ter forças para superar problemas, que são resolvidos em etapas. É preciso clareza mental para entender a situação completa e, depois, fazer o que deve ser feito. Tudo isso é o poder da decisão – que, como afirmei há pouco, é aprimorado pela resiliência.

Quando falo em resiliência, sempre me lembro do meu pai, pois sem esse poder ele não estaria mais aqui conosco. Alguns anos atrás, ele sofreu uma queda bem feia, acabou se cortando, e minha filha mais nova chorou quando viu o avô no chão. Então, na mesma hora, eu disse a ela: "Você não viu que o vô se levantou bem rápido? Depois passou a mão no joelho, limpou o sangue, limpou a terra". Ela em seguida olhou aquilo sob outra perspectiva, pois fiz com que ressignificasse aquela imagem. Na época, estava com uns seis anos de idade e, depois daquela nossa breve conversa, mudou o foco da sua visão da queda do avô para a reerguida dele do chão. Em outras palavras, ela não viu mais como dor, mas sim como força.

Portanto, não importa qual tombo você sofra na vida; o importante é o que você escolhe tirar de cada um deles. Qual lição tem sido aprendida diariamente com base no que acontece com você e em seu entorno?

Particularmente, sou uma grande entusiasta da comparação da vida a um oceano. Nós somos como um barco no meio do oceano, navegando na vida, com o leme na mão. Dependendo da tempestade, nosso barco tem dificuldade de atravessar as águas, ou pode até não conseguir passar pelas correntezas. Mas, a partir da resiliência plena, temos uma base sólida para suportar o mar revolto que se impõe à nossa frente.

Este último passo é a peça-chave para completar a jornada rumo à vida plena, pois é a partir da resiliência plena que potencializamos a nossa inteligência emocional, uma vez que aprendemos a fortalecer nossas capacidades de autoconhecimento, auto-observação e autocuidado; aumentamos nossa habilidade de adaptação e flexibilidade diante de tantas provas superadas; aguçamos nosso bom senso e magnetismo, porque compreendemos como somos capazes de não nos deixar influenciar negativamente por pessoas ou situações.

Cada um desses movimentos internos e externos que fazemos nos direcionam ao aprimoramento do nosso primeiro passo, que é a saúde, e nos faz chegar ao ápice do décimo segundo passo, que é a resiliência plena – o qual, uma vez aplicado com sabedoria e de maneira contínua, levará você a uma vida plenamente extraordinária e absolutamente digna de ser vivida.

– CONCLUSÃO –

S*er para ter: 12 passos para uma vida plena* nasceu de um sopro de inspiração e não de uma ideia qualquer. Ser para Ter é fruto da inspiração da centelha divina que habita em cada um de nós. Ainda que a ideia dos 12 passos já exista de muitas formas – pois, como sempre digo, não faz sentido ficarmos reinventando a roda, pois tudo já foi inventado –, a diferença reside em como transmitimos a mensagem.

A maneira como cada pilar foi apresentado a você nesta obra é verdadeiramente única, autêntica, e parte de uma trama muito maior que chamamos de "geometria sagrada". Não é por acaso que escolhemos o dodecaedro para representar a junção dos 12 pilares que compõem o livro, tanto na capa como no último passo. Essa figura simboliza a magnitude dessa jornada que nos conduz a uma vida plena.

Todo aspecto da nossa vida pode ser representado por cada um dos 12 passos do Ser para Ter. Assim, saúde, relacionamentos, clareza, criatividade, cooperação, inteligência emocional, bom senso, essência verdadeira, adaptação, movimento, magnetismo e resiliência plena são partes de um todo perfeito, e por isso sagrado, que representa a plenitude da vida.

Para que assim seja, é preciso apenas organizar e conduzir de maneira ordenada e contínua a manutenção de cada um deles, e essa é a razão de ser desta obra que entrego a você com todo amor e força interior que cultivo em mim. Que ela seja a bússola com a qual você possa se guiar sempre que sentir necessidade de começar uma nova rota na sua vida, retraçar caminhos ou mesmo desvendar novos horizontes. Assim como toda equação requer uma sequência para obter um resultado, todo princípio de ordem no caos que a vida possa cobrar exigirá um passo de cada vez para alcançar, enfim, a plenitude.

alinedalcin.com.br

Aline Dalcin

alinedalcinoriginal

@alinedalcinoriginal

@alinedalcinoriginal

Aline Dalcin Original